ソーシャルワーカーのソダチ

ソーシャルワーク教育・実践の
未来のために

後藤広史
木村淳也
荒井浩道
長沼葉月
本多　勇
木下大生
著

生活書院

はじめに

本書『ソーシャルワーカーのソダチ』は、『ソーシャルワーカーのジレンマ』(筒井書房、二〇〇九年)と、その姉妹本である『ソーシャルワーカーのジリツ』(生活書院、二〇一五年)の続編にあたります。「ジレンマ」に悩み、それと向き合うことで「ジリツ」したソーシャルワーカーが、その「ソダチ」(教育)にまつわる様々な事柄について論じています。

類書がなかったせいか、幸いなことに、前二作とも多くの方に手に取っていただき、予想外の反響を得ることができました。執筆者にとって大変嬉しかったのは、現場で働くソーシャルワーカーからの反響が大きく、「そうそう! と共感しながら読んだ」という感想を多く寄せていただいたことでした。この勢いにのって、今度はソーシャルワーク教育に携わる人たちに、私たち(執筆者)がソーシャルワーカーの「ソダチ」について考えていることを伝えたい、と思って企画したのが本書『ソーシャルワーカーのソダチ』です。

さて、「ソダチ」は通常「育ち」と書きます。しかし「ソーシャルワーカーの育ち」

と書くと、ソーシャルワーカー（社会福祉士）の養成課程の存在感が大きいために、どうしても専門学校や大学等での「学校での教育」を連想してしまいがちです。しかし、ソーシャルワーカーは、それらの学校教育の場で育つというよりも、むしろソーシャルワーク実践が行われている現場で、実際に利用者と関わることによって育つものです。本書の執筆者は、皆、現在は大学でソーシャルワーク教育に携わっていますが、ソーシャルワーカーとして現場で働いていた（いる）経験もあります。そこで利用者の支援を通じてソーシャルワーカーとして育てられてきたという思いをもっています。執筆者はそれぞれ、その経験を踏まえて、ソーシャルワーカーの「ソダチ」について、考えていることを伝えたいと筆をとりました。本書のタイトルを『ソーシャルワーカーのソダチ』としたのは、学校教育に留まらず、より広い文脈でソーシャルワーク教育について考えてみたいという思いからです。したがって本書は、学校でのソーシャルワーク教育だけでなく、現場でのソーシャルワーク教育に関することや、それらに影響を与えるソーシャルワーカーの社会的な位置づけ等についても議論の射程に含んでいます。

またこのような本を書きたいと思った理由は他にもあります。より良いソーシャルワーク実践を行うためには、自分以外のソーシャルワーカーが、その実践の中で何に疑問を持ち、それに対してどのような考えや答えを持って仕事にあたっているのかを知り、それを自身の実践にフィードバックしていくという作業が欠かせません。そしてこのことは、教育という営みについても同じことが言えます。しかしことソーシャルワーク教育についてはどうだったでしょうか。はたして他のソーシャルワーク教育に携わっている人が何に疑問を持ち、それに対してどのような考えや答えをもって教育にあたっているのかを知る機会があったでしょうか。それらはせいぜい居酒屋で、仲間内でしか語られてこなかったように思います。本書は、ソーシャルワーク教育に携わる六人が、それらについて披歴することで、ソーシャルワーク教育についての生産的な議論を喚起することも同時に企図しています。

第一章（後藤）では、専門家を養成するということに偏りすぎているソーシャルワーク教育に違和感を持つ後藤が、それを持つに至った経緯を自身の現場経験を交えて論じています。ここでは、ソーシャルワーカーの行動規範に関わる論点、具体的には、利用者から物をもらうこと／もらわないことによって生じる諸問題を題材に、そこからソーシャルワーク教育のあり方について問題提起をしています。

第二章（木村）では、同じくソーシャルワーク教育が専門家養成に傾斜していることに疑問をもつ木村が、ソーシャルワーカーをソダテることについて、現在進行形で行っている教育の試みの一端を紹介しています。木村は、それらの試みを通して、「ソーシャルワークは、ソーシャルワーカーだけのものではない」と確信し、ソーシャルワーカーだけでなく、すべての人々が社会の中でソーシャルワークをソダテることを提案します。

第三章（荒井）では、「正解」がない「支援」をどのように教えるのか、どのように学ぶのかという問いを通じて、ソーシャルワーカーのソダチをどのように支えるかについて論じています。ここでは、「教える教育」の限界を指摘し、荒井が実践する「教えない教育」（一見、教えるうえでは無駄に思える「余白」を確保すること）の実践事例が紹介されます。その効果をもとに、ソーシャルワークを学ぶ学生が、主体的かつ対話的に学べる方法とその可能性について検討しています。

第四章（長沼）では、冒頭でソーシャルワークを「教わった」人の反応に関する長沼の経験が語られます。そこから長沼は「ソーシャルワークを教える」のは難しいものの、「ソーシャルワークにおける『視点』を考えることを教える」ことはできるのではないかと提案します。そして個別支援、家族支援、多機関連携の場面での「視点」について例示した後、自身の授業内での取り組みを報告しています。

第五章（本多）では、いわゆる「社会人学生」に対する本多自身の教育経験をもとに、ソーシャルワーカーの適性＝「ソーシャルワーカーの向き／不向き」について検討しています。ここでは、それを見定める要素の一つである「自己理解」について焦点が当てられ、それができない「ソーシャルワーカーに『不向き』な学生」をソダテる際の教育上のポイントについて論じるとともに、そうした学生に対してメッセージを送っています。

第六章（木下）では、これまでの論考とは切り口を変えて、ソーシャルワーカーという職業を社会の中でソダテていくために必要なことについて、マクロ的な観点から論じています。「社会福祉学部の志願者と就職先」、「職能団体」、「日本職業分類」、「ソーシャルワーカーという職業を巡って指摘されてきた諸課題」の四つの側面から、社会における職業としてのソーシャルワーカーの状況について、木下の経験を踏まえた現状分析がなされます。そこで得られた結論を踏まえて、ソーシャルワーカーという職業を社会の中でソダテるために求められることについて、木下の主張が述べられます。

各章の要約を見ればわかるように、本書は、前二作と同じく、ソーシャルワーク教育をこのようにすればよいという「正解」や「方法（How to）」を論じているわけではありません（もとより、ソーシャルワークの営みそれ自体に正解がないので、そのような本は書こうにも書けませんが）。また、それぞれのソーシャルワーク教育に対する疑問やレベルの設定、それに対する考えや答えも一様ではありません。執筆者に通底していることは、現在のソーシャルワーク教育に程度の差こそあれ疑問を持っているということです。その意味で本書は、現在のソーシャルワーク教育に対する前向きな問題提起の書です。

ここでの問題提起が、業界から眉を顰められるだけの結果に終わるのか、それとも現行のソーシャルワーク教育のあり方に一石を投じる契機となるのかは、読者の判断を待つよりほかありませんが、本書が、少しでもより良いソーシャルワーカーをソダテようとしている人たちの共感をよび、その「ソダチ」を支える上で何かしらのヒントになることを願っています。

最後に、本書の内容とは直接関係ありませんが、「ソーシャルワーカーのソダチ」という本を世に送り出す立場として、この場を借りてメッセージを伝えたい人がいます。それは、今まさにソーシャルワーカーとしてソダテてられている学生の皆さんに対してです。それも、社会福祉にあまり興味がなかったのに、大学名で進路を決めてしまったり、本当は社会学や心理学を学びたかったのに、不本意ながら社会福祉系の学科に入学してしまったあなたにです。私は大きな大学にいるせいか、実際にあなたのような学生をたくさん見てきました。

あなたは今、「ソーシャルワーカーなんかになる気がないのに、どうしてこんなことを学ばなければならないのだろう」と悩みながら授業を受けていることでしょう。一方で、そうした思いとは裏腹に、今のソーシャルワーク教育は、あなたのような学生が一定数いるのに、その存在を無視するかのように、さらにソーシャルワーカーの専門性を高め、ソーシャルワーカーになることをより推奨するような方向で進んでいますよね。あなたはその板挟みの中で戸惑い、学びの場にいる意味すら失っているかもしれません。

ただ、私があなたのような学生に伝えたいのは、社会福祉系の学科を出たからといってソーシャルワーカーとして働く必要はないけれど、ソーシャルワークは、どんな仕事に就いたとしても大事だよ、ということです。

私の友人は、社会福祉系の学科を卒業し、旅行会社に勤めています。そこで障害を持つ人たちの旅行の企画を担当しています。彼は、ソーシャルワーク実習で障害を持つ人たちが利用する施設に行き、「旅行したくてもできない」という彼・彼女らの声に触れ、「障害を持っているだけで旅行ができないのはおかしい」との思いからその会社に就職しました。また、私の後輩は、児童養護施設に実習に行き、何をしても笑顔を見せない子どもが、おもちゃを手に取った瞬間に笑った姿を目の当たりにして、その可能性を見出し、玩具メーカーに就職しました。現在は子ども向けのおもちゃの企画・販売をしているそうです。

想像してみてください。あなたが毎日利用する駅の駅員さんが、ソーシャルワークを学んでいた人だったとしたら。心身に不自由のある人がどんなに使いやすい駅になるでしょう。銀行の窓口で対応してくれる人が、ソーシャルワークを学んでいた人だったとしたら。認知症で振り込め詐欺の被害にあう人を未然に防ぐことができるかもしれません。こんな風に活躍する人がもっと増えれば、この社会はもっと暮らしやすいものになると思いませんか。ソーシャルワークを活かす道は実に多様です。どうかその可能性を信じて、もう一度新たな気持ちでソーシャルワークを学んでみてください。

どちらかと言えば、社会福祉に対する「意識の高い人」に向けて書かれた本ですが、いつかあなたのような学生が面白いと思って読んでくれることを願って、本書を世に送ります。

執筆者を代表して

後藤広史

ソーシャルワーカーのソダチ　もくじ

はじめに　後藤広史　3

CHAPTER 1

ソーシャルワーカーは専門家であるべきか
――ソーシャルワーク教育で失われるもの ……後藤広史　17

1　ソーシャルワーク教育に対する疑問　18
2　利用者から物をもらうということ　20
3　事例1：母子生活支援施設での援助事例　23
4　事例2：ホームレス支援団体での援助事例　26
5　ホームレス状態にある人々が求めていることとは　30
6　ソーシャルワーク教育のあり方をめぐって　34

CHAPTER 2

「ソダチ」を支える
——ソーシャルワークを育てるための覚書

……木村淳也 41

1 大学（短期大学、専門学校）はソーシャルワークの何を育てているか 42
2 この文章を書いている人のこと 45
3 「こだわらない」けれど「こだわる」わたし 48
4 くずれたものを積みなおす 52
5 「ソーシャルワーク教育」をひらく 54
6 暮らしの中のソーシャルワーク 57
7 「ソーシャルワーカー」は「ソーシャルワーク」を育てているのか？ 60
8 「ソダチ」を支え、「ソダテ」られていくわたしたち 62
9 いまさらですが、リッチモンドに帰れ 67

CHAPTER 3

“教えない”ソーシャルワーク教育
——“余白”が担保する主体的・対話的な学び……荒井浩道 73

1 はじめに 74
2 支援における正解 76
3 標準化できないもの 79
4 透明な支援者 82
5 「教える教育」の限界 85
6 「教えない教育」の可能性 92
7 結びにかえて 96

CHAPTER 4

ソーシャルワークの多様な視点を考える
——立脚点としての「私」と注視点としての「相手」との間を行き来すること……長沼葉月 103

1 はじめに 104

2 ソーシャルワーク実践における「視点」になぜ注目するのか 105
3 ソーシャルワーク実践における多様な「視点」とはどのようなものか 112
4 ソーシャルワーク学部教育において「視点」を育てるには 124
5 まとめに変えて 130

CHAPTER 5

ソーシャルワーカーの〝向き・不向き〟について考える
——社会人が社会福祉／ソーシャルワークを学ぶ場から
……本多 勇 139
1 はじめに——社会人学生へのソーシャルワーク教育、社会福祉士養成の現場から 140
2 ソーシャルワーカーへの向き・不向き 142
3 実習教育のなかで気づく、学ぶ 151
4 〝素人〟から〝専門職〟になるということ（まとめ） 166

CHAPTER 5

ソーシャルワーカーという職業を社会の中でソダテルために

――曖昧さからの脱却と社会への周知

……木下大生 175

1 はじめに 176
2 志願者、なり手の減少という厳しい現実と職能団体の弱体化 178
3 アイデンティティーの曖昧さと職業として認識されていない現実 184
4 ソーシャルワーカーは国に職業と認識されていない？ 190
5 先人の指摘を振り返る 193
6 われわれがしなければならないこと 197
7 おわりに 206

おわりに 木村淳也 210

CHAPTER 1

ソーシャルワーカーは専門家であるべきか

――ソーシャルワーク教育で失われるもの

……後藤広史

1 ソーシャルワーク教育に対する疑問

福祉に関する相談援助[1]を生業とする人（以下「ソーシャルワーカー」）が、より良い援助をするためには、ソーシャルワークの専門的な教育を受けたほうがよいのでしょうか。それとも必ずしもそうとは言い切れないのでしょうか。これは私がソーシャルワーカー（社会福祉士）[2]の養成に携わる中で、日々問い続けている疑問です。

多くの人は、このような問いを立てること自体に首を傾げたくなるかもしれません。この業界に少し詳しい人であれば、現在、ソーシャルワーカーになるうえでは、そのために体系化された国家資格である社会福祉士のカリキュラム（以下「ソーシャルワーク教育」）を受けたほうが望ましいことを知っているからです。また、そうしたことを知らない人でも、もし自分が何らかの福祉課題に直面したときに、専門的な教育を受けた人とそうでない人がいたら、前者に相談をしたいと思うはずだからです。

もちろん筆者は、ソーシャルワーカーになるために、ソーシャルワーク教育を受ける必要がないと言いたいわけではありません。人々の抱える福祉課題が多様化・複雑化し、それに伴ってそれを支援するための制度や方法も日々変化しているなか、ソーシャルワーカーがその知識や技術を身につけていなければ、より良い援助など到底できるはずがないと考えるからです。その限りにおいて、冒頭の問いに対する答えは、「受けたほうがよい」ということになるでしょう。

さて、後述するように、ソーシャルワーク教育では、知識や技術だけではなく、専門家としてとるべき行動、すなわち「行動規範」ついても教えます。この行動規範を遵守することは、利用者の利益となるだけでなく、ソーシャルワーカーという職業の社会的な地位や信頼を高めるうえでとても重要です。しかし他方で、大学などのソーシャルワーク教育の現場では、ソーシャルワーカーが専門家であるということを主張したいあまり、あるいはそうであってほしいという思いが強いあまり、しばしば援助を受ける人々の多様性を無視して、行動規範を遵守することの必要性を強調しすぎるきらいがあるように思います。そしてそのことが却って、ソーシャルワークを行ううえで最も大切な、利用者を「理解」し、利用者が本当に求めていることとは何かということについて、学生自身が考えることを妨げているのではないかと心配になることがあります。その意味では、より良いソーシャルワークを行ううえで、専門的な教育を受けたことが却ってマイナスになることがあるかもしれません。

本章では、筆者がソーシャルワーク教育をしながら日々考えているこうした疑問を持つに至った経緯を、自身のソーシャルワーカーの経験から論じるとともに、それを踏まえて、ソーシャルワーク教育がどのようにあるべきなのかについて、自分なりの考えを示してみたいと思います。なお、ソーシャルワークという言葉は、いわゆる「ケースワーク」「グループワーク」「ソーシャルアクション」「ソーシャルワークリサーチ」などを含む総称ですが、ここでは主に個別援助である「ケースワーク」と同義で用いています。

2 利用者から物をもらうということ

医師や看護師など、およそすべての対人援助の専門職は、それぞれ実践の拠り所となる倫理綱領を定めています。ソーシャルワーカーも対人援助の専門職であるので、やはり倫理綱領を定めており、これを遵守して職務にあたることが求められます。とはいえ、この倫理綱領はやや抽象的なものなので、これをもとにソーシャルワーカーが職務上、具体的にどのような行動をとればよいのかということを明文化した行動規範があります。この行動規範に則った行動は、実際にソーシャルワーカーとして働き始めてからではなく、学生のうちに行うソーシャルワーク実習の段階から求められるものです。そのため、ソーシャルワーク教育のカリキュラムでは、実習に行く前に、行動規範にまつわる様々な事柄について指導することになっています。

この行動規範の中には「利用者の利益の最優先」という項目があり、その二つ目に、「社会福祉士は、利用者から専門職サービスの代償として、正規の報酬以外に物品や金銭を受けとってはならない」というものがあります。本章ではこの点に焦点を当てて、冒頭の疑問を検討するとともに、ソーシャルワーク教育のあり方について考えてみたいと思います。ただし、利用者から金銭を受けとるのと物品を受けとるのとでは、少々ニュアンスが異なってきますので、ここでは物品（以下「物」）に絞って議論をしたいと思います。

それではなぜ、ソーシャルワーカーは利用者から物を受けとってはならないのでしょうか。その理由は主に二つあると考えられます。

第一は、援助をする際の関係性に影響するからです。同じく行動規範の中には、「利用者に対する倫理責任」という項目があり、その二つ目に「社会福祉士は、利用者と私的な関係になってはならない」というものがあります。ソーシャルワーカーは利用者に対して、あくまで専門職としてかかわり、適切な援助関係のもと援助にあたることが求められます。しかしながら、利用者から物を受けとってしまうと、その関係性が援助関係から私的な関係へと変化してしまう危険性があり、これを避けるため物を受け取ってはならないという行動規範が定められていると考えられます。

第二は、利用者間の公平性が損なわれる危険性があるからです。ソーシャルワーカーが援助する利用者は当然一人ではなく、同時に何人もの利用者を援助していることが普通です。ソーシャルワーカーといえども人間ですから、そのうちの誰かから物を受けとれば、やはり特別な配慮をしたいという感情が生まれてしまう可能性は大いにあります。利用者によっては、物を渡したのだから、その見返りとして、他の利用者よりも手厚く援助をしてほしいと考えてしまうかもしれません。また、当のソーシャルワーカーや物を渡した利用者本人はそのように思わなくても、同じソーシャルワーカーから援助を受けている他の利用者がそのことを知ったら、やはり公平性の観点から問題となるかもしれません。

実際に筆者は、自身がソーシャルワーカーとして働いていた際に、利用者から物を受けとってしまったことによってトラブルに発展してしまったことがあります。次節ではこの事例を紹介します。このことを通して、ソーシャルワーカーが行動規範を遵守することの重要性をまず認識してもらいたいと思います。なお、これから述べる事例は、個人が特定されないよう、内容をかなり加工しています。

③ 事例1：母子生活支援施設での援助事例

筆者は大学院生の時に、ある社会福祉法人が運営する母子生活支援施設で、非常勤の少年指導員として働いていました。学部卒業と同時に社会福祉士の資格は取得していたので、立場こそ非常勤でしたが、この時点で専門家として利用者の援助にあたっていたことになります。

ここでの筆者の主な仕事内容は、母親が仕事から帰ってくるまでの間の学童保育でした。また、週に一回は夜勤をし、母親の急病などといった緊急時の対応もしていました。働き始めた当初は、ＤＶ（Domestic Violence）の被害を受けるなど、複雑な背景を持った母親や子どもたちとなかなか関係を築くことができませんでしたが、しばらく勤務するうちに徐々に関係を築くことができ、そのことに喜びを感じながら仕事をしていました。

働き始めて半年ほど経ったころでしょうか。夜勤勤務をしたある日の朝、宿直室のドアをノックする音が聞こえました。開けてみるとAちゃん（一〇歳）が、パンを乗せたお皿を手に持って立っていました。どうやら昨日、家で母親と一緒に焼いたようで、たくさん作って余ったので、私にも食べてほしいと思って持ってきてくれたようです。「お母さんに言われて持ってきてくれたの？」と聞くと、Aちゃんは首を横に振りました。どうやら自分がそうしたくて持ってきてくれたようです。

さて、皆さんが筆者の立場だったら受けとるでしょうか。それとも受けとらないでしょうか。そして、それぞれの理由はどのようなものでしょうか。

ソーシャルワーカーの行動規範については、学部の時に教わって一応は頭に入っていたので、一瞬「受けとっていいのかな」という思いが頭をよぎりました。しかしながら、ここで断ってせっかくの厚意を無下にしてしまうのも悪いと思い、また、何よりもせっかく築いたAちゃんとの関係を壊したくなかったので、これくらいなら問題ないだろうと受けとってしまいました。Aちゃんも受けとってくれたことにとても満足した様子でした。この時点では、このことが特に問題になるとは考えていませんでした。

ところが三日後、上司の職員から、Aちゃんからパンをもらったかどうか尋ねられました。受けとったことを話すと、ある利用者がその場面を見ていてクレームを言ってきたと教えてくれました。実はAちゃんの母親は、この施設に入所している間に介護の資格を取り、この法人が運営する別の施設（特別養護老人ホーム）で働くことが決まっていたようです。どうやらそのクレームを言ってきた利用者は、Aちゃんの母親がこの法人で働くことができるようになったのは、子どもを利用して職員に媚を売っているからだと考えているようでした。

もちろん筆者は一介の非常勤の職員でしたので、誰を採用するかといった権限をもってはいませんでしたし、そもそもAちゃんの母親がこの法人で働くことになったことも知りませんでした。訪ねてきた上司の職員も、その点については理解をしてくれていましたが、「物をもらうと、私的な関係があるように見られてしまうこともあるし、公平性の観点からも望ましくないので、今後は注意してほしい」と諭されました。クレームを言ってきた利用者が誰かは教えてくれませんでしたが、このことがあって以降、明らかに筆者を避けている利用者がいたので、その利用者であることはすぐにわかりました。

筆者は何か釈然としない思いが残りましたが、行動規範を学んでいながらそれを遵守せず、疑われるような行動を取ってしまった非が自分にあるのは事実なので、深く反省し、これ以後、利用者から物をもらわないようにしようと固く決意しました。

このように、利用者から物をもらうことは、思いもよらない疑いをもたれることになり、ひいては、利用者との信頼関係をも壊してしまうことにもつながります。この事例からわかるように、利用者から物を受けとってはならないというソーシャルワーカーの行動規範は、確かに「正しい」と言えます。その意味で、ソーシャルワーク教育を受けることはより良い援助を行ううえで不可欠と言えるでしょう。

しかしながら、筆者は次の職場でこの認識に再考を迫られる出来事に遭遇することになりました。次節ではその事例について紹介します。

4 事例2：ホームレス支援団体での援助事例

その後筆者は、生活困窮者・ホームレス状態にある人々を支援する民間の団体であるＮＰＯ「山友会」[3]の非常勤のソーシャルワーカーとして働き始めました。山友会は、過去に日雇労働市場として栄えた「山谷」と呼ばれる地域にあります（ただし「山谷」という地名自体は、昭和四一年の住居表示制度の施行により消滅しています）。この地域は、高度成長期からバブル期にかけて、日雇労働市場として日本経済の一翼を担っており、たくさんの日雇い労働者を抱えていました。しかし、一九九〇年代に入ると、長引く経済不況、機械化などによる産業構造の変化等によって、かつて日雇い労働に従事していた人々は仕事に就くことができなくなり、たくさんの人が家を失いました。現在、その人たちの多くは生活保護を受け、山友会周辺に点在する簡易宿泊所（通称「ドヤ」）やアパートで生活をしています。

山友会は一九八四年から、この地域で「無料クリニック」（山友クリニック）を中心に、ホームレス状態にある人々など、生活に困窮する人たちに対して支援を行ってきた民間の団体（NPO）です。筆者はそこで、ホームレス状態にある人々に対する「アウトリーチ」と「相談援助」をしていました。ちなみに「アウトリーチ」とは、必要があるのに援助を求めていなかったり、またはその必要性に気づいていない人々に対して、援助者がその人自身、あるいは関係する機関にこちらから出向き、問題解決に向けた動機づけや情報提供などを行う活動のことです。山友会では、週に二回、ソーシャルワーカーとボランティアが協働してこの活動を行っています。

さて、山友会に勤務して違和感を覚えたのは、少なくない利用者が、援助に対するお礼の気持ちと称して、団体やソーシャルワーカー個人にコーヒーやタバコなどの物を渡しており（さすがに金銭はありませんでしたが）、しかもそれを当然のように受けとっているという事実でした。筆者は、先に述べたような苦い経験をしているので、利用者から物を受けとることは良くないことであること、団体としてルール化し、物を受けとらないようにすべきであると主張しました。筆者の主張に何人かの職員は理解を示してはくれましたが、ピンと来ていない様子の職員もおり、結局、ルール化をするまでには至りませんでした。当時、山友会に勤めていたソーシャルワーカーは、仕事の内容こそソーシャルワークそのものを行っていましたが、必ずしもそのための教育を受けてきた人ではありませんでした。今振り返れば上から目線も甚だしいのですが、筆者は、その差がこうした認識の違いを生んでいるのだと思うことで、自分を納得させていました。

筆者が山友会に勤務して三か月ほど経った頃、前述のアウトリーチで年配の女性（Bさん）と出会いました。最初見かけたときは、バス停のベンチに座っていたので、ただの乗客の一人だろうと考えていたのですが、バスが来てもまったく乗る様子がありませんでした。その日は声をかけませんでしたが、その翌週も、アウトリーチに出かけると、同じ時間にその場所で所在なげに佇んでいたので、何か事情があるに違いないと思って声をかけました。

最初は、素性のわからない筆者たちを全く信用してくれず、まともに話もしてくれませんでした。しかし、毎週かかわりを続けるうちに、自身のことや、ホームレス状態に至った経緯について話をしてくれるようになりました。聞けば、長い間、内縁の夫からの暴力を受けており、今回、耐えかねて家出をしたとのことでした。家を出た後、しばらくは友達の家に身を寄せていたようですが、その家の近所で夫を見かけて（彼女いわく探しに来たのではないかとのことです）、そこにいるのも怖くなり、今は二四時間営業の店などで夜を明かしていると話してくれました。友人の家にいられなくなってから今日までの間に、福祉事務所に相談に行ったこともあるとのことでしたが、窓口で対応してくれた相談員（ケースワーカー）から「施設に入らなければならない」と言われ、どのようなところかわからず不安だったので、断ってしまったようです。話している途中、息切れをしているようでしたので、筆者が身体の具合について尋ねると、「喉が乾く」「体重が減っている」といった糖尿病が疑われる症状があることも分かりました。

以上のことから、筆者は早急に介入が必要であると判断し、アウトリーチでBさんに出会う度に、生活保護の申請を勧めました。Bさんは、前回相談に行った際の福祉事務所での対応が頭に残っていたせいか、最初はかたくなに拒否していましたが、約一か月にわたる交渉と説得を経て、筆者同行の元、生活保護を申請することになりました。その後の検診の結果、やはり重度の糖尿病であることが判明し、すぐに一か月間入院となりました。

Bさんは退院後、アパートでの生活を望んでいました。しかし、このとき担当したケースワーカーも、施設への入所を処遇方針としていました[4]。そのため筆者が入院中に何度も間に入り調整をしていた関係で、ほかのケースよりも、本人とかかわる頻度がかなり多くなりました。Bさんはもともと遠慮深い人だったようで、病院にお見舞いに行くたびに「私のためにすみません、ありがとうございます」と本当に申し訳なさそうに頭を下げていました。

Bさん、筆者、ケースワーカーとの数回にわたる協議の結果、退院後、Bさんは希望通りアパートで生活することができるようになりました。Bさんは、本当に嬉しそうな様子で、なんども「ありがとうございます」と筆者に頭を下げていました。

退院して数日後、Bさんがお世話になったお礼にと、菓子折りをもって山友会を訪ねてきてくれました。筆者は母子生活支援施設での経験もあり、また、何よりも行動規範を遵守することはソーシャルワーカーの努めであると考えていたため、受けとれないと固辞しました。Bさんは、「あんなにいろいろとしてもらったのに、受けとってもらわないと困る」と言い、半ば強引に筆者に渡そうとしました。「受けとれない」／「いや受けとってほしい」というしばらくの押し問答の後、彼女は意を決したように、やや憤った調子で次のように言いました。

「後藤さん、私はもうホームレスじゃないんだよ」

一瞬筆者は、彼女の発言の意図がうまく理解できませんでしたが、そのときはBさんの剣幕に気圧されて菓子折りを受けとってしまいました。

5 ホームレス状態にある人々が求めていることとは

読者の皆さんは、先のBさんの発言は、どのような意図から発せられたと考えるでしょうか。筆者の解釈は後で述べることとして、まずはBさんの発言の意図を理解するために、貧困状態に置かれた人々が利用する福祉サービスの特徴を考えてみたいと思います。

そもそも、前提として私たちは、誰かが自分のために何かをしてくれたら、それに見合うお返しをしたいと考えるのが普通です。これが十分にできないと、私たちは果たすべき義務を怠っているような、言いようのない負い目や不全感に苛まれます。

しかし、医療や介護サービスなど、一般的に多くの人が利用するサービスを利用した時に、そのような思いに駆られることはほとんどありません。なぜなら、私たちは、そのための「対価」を支払ってそれらのサービスを利用していると考えるからです。例えば、医療サービスであれば、毎月の保険料と実際に医療行為を受けた際の何割かの自己負担がそれにあたります。私たちが、病院に入院して退院する際に、目に見える形でお礼をしなくても、それほどの負い目や不全感に苛まれないのはこのためです。

しかし、生活保護や山友会が提供するようなサービスは、それを受けるために先のような「対価」を支払っているという感覚を伴いにくいものです。なぜならそのために毎月の保険料を払っているわけではありませんし、利用する際に自己負担が発生するわけでもないからです。そのためこうしたサービスの利用者、すなわち貧困状態にある人々は、これらのサービスを利用するたびに、少なからず「申し訳ない」という負い目や不全感に苛まれることになります（これを専門用語で「スティグマ」と言います）。とはいえ、そのような思いをしたくないからといって、これらのサービスの利用をやめてしまえば生活がなりたちません。つまり貧困状態にある人々は常に

「申し訳ない」という思いを抱えながらサービスを利用し続けなければならないのです。これは改めて考えてみるととても辛い状況です。

文脈こそ違いますが、同じくこうした状況にある人たちとして、大震災の被災者があげられます。阪神・淡路大震災のボランティア活動を題材にして、その論理を探求した研究がありますが、その中で、援助を受け続けた被災者が、ボランティアに向けて発した次のような言葉が紹介されています。

「あんた、わかれへんのか、毎日すみません、ありがとうございます、言うてみぃ。一ヶ月で嫌になるで。半年たったら自己嫌悪や。一年もたったら、自殺したくなるで、ホンマ」[5]

このように、援助を受け続けるだけで、それに見合う対価を自分は何も返していない／返せないという感覚にずっと晒されるという状況は、人間としての尊厳が傷つけられ、命を自ら絶ちたいとすら考えたくなるような辛い状況なのです。

また、Bさんの発言の意図を理解するためには、利用者が援助者に対して本質的にどのようなことを求めているのかということについて考えることも必要です。この点について寺本（1999：33）は、「当事者から支援者に向けて語られる主張の多くは、何について支援をしてほしいかといった支援の『内容』ではなく、どのような立場でいるのがいいか、どのようにつきあってほしいかといった『関係』についてである」と述べています。

これらのことを考えると、先のBさんの発言の意図がおぼろげながらみえてきます。おそらくBさんは、「私とホームレスとしてではなく、一人の人間として関わってほしい」、そんなことを筆者に伝えたかったのだと思います。つまり、Bさんの憤りは、単に援助に対するお礼を受け取ってくれなかったことだけではなく、筆者があくまで「援助者として」かかわり続けようとしていたことについての異議申し立てによるものだったのでしょう。

もちろん筆者は、この解釈の妥当性をBさん自身に確かめたわけではありませんので、もしかしたら全くの見当違いかもしれません。とはいえ、筆者は、ソーシャルワーク教育を受けてきたがために、そしてその中で教えられてきた行動規範を遵守することの重要性についての認識を強化する出来事に遭遇してしまったがために（母子生活支援施設での事例）、Bさん、ひいてはホームレス状態にある人々とのかかわり方が、専門家であろうとしすぎていたことは確かだったと思います。

Bさんとの出来事があって以降、山友会のソーシャルワーカーの利用者に対するかかわり方を改めて見てみると、実に自然で、援助する人／される人という境界がなく、あたかも友人同士が援助しているかようなかかわり方であることに気が付きました。そしてそうしたかかわり方こそ、彼／彼女らの多くが求めていることだったのかもしれないと考えるようになりました。稲沢（2002：195）は、ケースワークの体系化に貢献したリッチモンドが、友人関係に近づけて援助関係を捉えようとしていたことを引きながら、「彼女は、援助職が専門職化すればするほど、小手先の知識ばかりが肥大化してしまい、人と人との関係であるという基本が忘れ去られていく危険性に気づいていたのではなかっただろうか」と述べています。山友会のソーシャルワーカーは、ソーシャルワーク教育からではなく、ホームレス状態にある人々との直接的なかかわりを通して、彼／彼女らに対する援助が、本質的に人と人との関係をベースにしたものでなければならないということを直感的にわかっていたのかもしれません。だから、利用者から物を受けとらないということをルール化までして決める必要はないと考えていたのでしょう。

6 ソーシャルワーク教育のあり方をめぐって

冒頭で述べたように、ソーシャルワーク教育のカリキュラムでは、実習に行く前に、ソーシャルワーカーの倫理綱領や行動規範について指導することになっていますが、筆者は、これまで述べてきた経験から、「社会福祉士は、利用者から専門職サービスの代償として、正規の報酬以外に物品や金銭を受けとってはならない」ということを学生にどのように伝えればよいのか悩みながら教育にあたってきました。

ただ勘違いしてほしくないのは、筆者は、山友会のようなある意味で特殊な機関での事例を引き合いに出して、利用者から物を受けとることを規制しているソーシャルワーカーの行動規範が間違っているとか、ましてや、専門家養成として体系化されたソーシャルワーク教育を全否定したいと思っているわけではありません。なぜなら利用者から物をもらうべきなのかなどといった、ある意味で脳天気な議論ができるのも、山友会のような民間の支援団体だからという側面は否めないからです。福祉事務所などの公的機関であれば、利用者から物を受けとってしまうことによって生じるであろうトラブルの深刻さは、母子生活支援施設での事例の比ではないでしょう。そしてソーシャルワーク実習で実習機関として認められているところは、圧倒的にそのようなところがほとんどです。

そのため教員になった当初は、山友会での事例が頭の片隅にありながらも、あくまでも実習機関ではないところで起きた例外的な事例なので、そのことを学生に伝えることは控えていました。そもそも「利用者から物を受けとるべきではない」と指導しながら、自身が受けとった経験や、ましてやそれを否定するようなことを言うべきではないと考えていたからです。

しかし、筆者は、Bさんのあの言葉を思い出すたびに、そしてソーシャルワークの原点が、貧困難状態にある人々に対する民間の草の根的な支援活動であったことに思いを馳せるたびに[6]、Bさんのようなホームレス状態にある人々の思いや、山友会のような機関の存在を、例外として扱うようなソーシャルワーク教育[7]とはいったい誰のための教育なのだろうと考えるようになりました。

そこで筆者はあるときから、倫理綱領や行動規範について指導する際、ここで述べてきた筆者の経験を学生に正直に話し、「私たちは専門家教育を受ければ受けるほど、利用者から遠ざかっていくのかもしれないよ」と素直に伝え、そのことの意味を一緒に考えるような授業を行うことにしました。手前味噌ではありますが、それからというもの、いつも倫理綱領や行動規範について教える時に眠そうにしていた学生たちが、いまでは皆、顔を上げて真剣に話を聞いてくれるようになりました。

このような経緯から筆者は、ソーシャルワーク教育とは「絶対的な答え」を強いるようなものであってはならないと強く感じています。もちろん専門家の養成教育である以上、ある程度専門家としての「あるべき姿」について教えることは必要です。しかし同時に、そのことによってもたらされる弊害についても伝えていかなければ、利用者を「理解」し、利用者が本当に求めていることについて考えようとするソーシャルワーカーは育たないのではないでしょうか。

ソーシャルワーカーの専門性を高めるために、さらなるソーシャルワーク教育のカリキュラム改革が行われようとしているいま、改めてそのようなことを考えています。

Key Word

・援助関係からソーシャルワーク教育を捉えなおすこと
・「絶対的な答え」を強いないこと
・専門教育を受けることによって生じる弊害を教えること

［注］

1　本章では、「援助」と「支援」という言葉が混在しています。前者はソーシャルワーカーが、利用者に対して個別具体的に行う働きかけを意味する言葉として、後者は社会や機関が、総体としての社会的に弱い立場にある人に対して行う働きかけを意味する言葉として用いています。

2　社会福祉士は名称独占の資格であるため、資格を取得していなくてもソーシャルワーカーとして働くことができます。ですので、現実的には「ソーシャルワーカー（社会福祉士）」という表記の仕方は間違っていますが、ここでは議論をわかりやすくするために、ソーシャルワーカーと社会福祉士を同義で用いています。

3 山友会の活動の詳細は、後藤（2015）を参照。

4 ホームレス状態にある人々に対して、施設保護が優先されがちな理由については、後藤（2009）を参照。

5 CS神戸（コミュニティ・サポートセンター神戸）（2003）「コミュニティ・エンパワーメント――自立と共生を求めて」。ただし、西山志保（2005）『ボランティア活動の論理――阪神・淡路大震災からサブシステンス社会へ』東信堂、一六一頁より重引。

6 ソーシャルワークの原型は、「慈善組織協会」（Charity Organization Society【COS】）にあるとされています。これは一八六〇年代、貧困状態にある人々の支援にあたっていた「慈善組織」の組織化を意図して設立されたものです。筆者は山友会の活動が、この時期のこれらの活動に通じるものであると考えています。

7 山友会のような民間の支援団体がソーシャルワーク実習の受け入れ機関として認められるためには、そこで働く社会福祉士が「独立型社会福祉士の名簿登録」をするなどをしなければならず、そのハードルはかなり高いものとなっています。詳しくは日本社会福祉士会ホームページを参照。

［引用・参考文献］

後藤広史 2009「生活保護領域のジレンマ――ホームレス支援におけるジレンマの構図とその意義」本多 勇・木下大生・後藤広史・ほか『ソーシャルワーカーのジレンマ――6人の社会福祉士の実践から』筒井書房：90-112

後藤広史 2015「ソーシャルワークにおける『支援観』――ホームレス状態にある人々の支援の現場から」木下大生・後藤広史・本多 勇・ほか『ソーシャルワーカーのジリツ――自立・自律・而立したワーカー

を目指すソーシャルワーク実践』生活書院：16-37
後藤広史 2016「第 13 章　生活困窮者とソーシャルワーク」金子絵里乃・後藤広史編『ソーシャルワーク』弘文堂：174-186
稲沢公一 2002「援助者は『友人』たりうるのか——援助関係の非対称性」古川孝順・岩崎晋也・稲沢公一・ほか『援助するということ——社会福祉実践を支える価値規範を問う』有斐閣：136-208
西山志保 2005『ボランティア活動の論理——阪神・淡路大震災からサブシステンス社会へ』東信堂
寺本晃久 1999「自己決定と支援の境界」『Sociology today』（お茶の水社会学研究会）10: 23-41
日本社会福祉士会「独立型社会福祉士」（http://jacsw.or.jp/17_dokuritsu/index.html,2017.5.10）

CHAPTER 2

「ソダチ」を支える

——ソーシャルワークを育てるための覚書

……木村淳也

1 大学（短期大学、専門学校）はソーシャルワークの何を育てているか

わたしたちの周りには、大変ありがたいことに社会福祉を学ぶための場所が多くあります。総合大学か単科大学か、四年制大学か短期大学か、国公立か私立か、専門学校か、それぞれの違いは多少あれども、北は北海道から南は九州沖縄まで日本全国津々浦々に設置されています。もう少し限定して、社会福祉士養成校だけを見ても、平成二九年四月現在で、鳥取県を除く全国四六都道府県に二六六校もあります。

それでは、全国の大学（短期大学、専門学校）で行われている社会福祉に関連する授業の数々を通して、学生を経験された方は何を学んできたのでしょう？　何を考えたでしょうか。

社会福祉の勉強とは、資格を取るためだけのものなのでしょうか。社会福祉の教育とは、専門家養成をするためだけのことなのでしょうか。大学における社会福祉教育は、これまで確かに、わたしも含む誰かの資格取得に貢献してきたかもしれません。しかし、わたしが教員としてこれまでやってきたこととはなんだったのだろうと振り返ってみても、特にわかりやすい轍がついて

いるわけでもありません。激しく移ろう社会と、それにふりまわされる社会福祉という学問や実践、教育を舞台に仕事をしながら、何を目指していけばよいのかよくわからなくなるときがあります。「何か」を追いかける必要もないのでしょうが、形に残らない教育という営みだからこその不安もあります。

不安を抱く中、いくつかの文章に出会いました。

専門職の国家資格の制定、教育機関の数の増加、有資格者の採用数の増加は統計的にも明らかであるが、現場の仕事を初歩から支え続ける、実務的でありながら人間的な意欲を掻き立てるような力のある教育をどうつくりあげるかという大きな課題は、依然として少しも変わらず続いているように思われる。（『福祉援助の臨床』はしがき、窪田 2013）

窪田は、このような思いを吐露し、福祉の場で試行錯誤し続ける者に向けて、あるいは、教育の場にいる者に向けて、「何か置き忘れてきたものはないのか」と問いかけながら、「大切なこと」について考えるように語りかけてくれているように思えます。時には、わたしたちが立ち止まり、語り合うことの重要性を投げかけてくれているようです。

これまで、「福祉教育」が福祉実践（いわゆる福祉対象者にかかわる諸方法の総体として）をとらえる視点と立場で展開されてきたことに、若干抵抗しようとしている。（『生のリアリティと福祉教育』福山・尾崎編 2009: 267）

いわゆる社会福祉の「専門家養成」に特化しない、「普遍的」「創造的」な取り組みとしての「福祉教育」を、社会に提案したいと考えているのである。（前掲書：268）

尾崎は、資格者養成でにぎわう福祉業界において、このように刺激的な提案を残しました。一見すると「刺激的」に見えるのですが、それだけではなく、今の時代だからこそ、教育が資格者養成一辺倒であるからこそ、「本当に大切なことは何か」について立ち止まってよく考える必要があるのではないかと、ソーシャルワークにかかわるわたしたち（実践者、教育者、研究者）に再考を促してくれているように思えます。

社会福祉専門職が国家資格化してきた過去約三〇年の大きなうねりの中で、教育の場に身を置きながら、命尽きるまで教育研究に真摯に取り組んだふたりの言葉です。ふたりとも、どのような思いでこの文章を残したのでしょう。この文章に込められた思いを通して、わたしたちに何を問いかけてくれているのでしょう。窪田も尾崎も、構造化され続ける専門職養成教育の中で課題を抱き、その課題を乗り越えるための試行錯誤を最後まで続けていたのではないかと思います。直接お話を伺いたいところですが、残念ながら、ふたりはもういません。

わたしたちは、ふたりが残してくれた課題に対してどのように応答することができるでしょうか。わたしたちも自分のこととして考える必要があると思うのです。ここから先の文章は、窪田、尾崎、ふたりからの投げかけに対して、今のわたしにできる精一杯の応答です。

2 この文章を書いている人のこと

社会福祉士養成校には、ソーシャルワークを教える役割の人がいます。わたしもその一人です。わたしは、短期大学でソーシャルワーク論などを担当している物静かで控えめ（自称）な四六歳の男性です。家族は、妻がひとりいます。子どもがふたりいます。年老いた犬が一頭と、四年ほど前に娘が露店で欲しがり仕方なく転がり込んできた金魚が三匹と、なぜか妻が買ってきたドジョウが二匹います。休みの日には、部屋でゴロゴロしています。昼寝が好きです。運動はあまり好きではありません。お酒は飲みません。タバコは吸います。昨今、喫煙者であることが「バレる」と、急に肩身が狭くなった気分になる世の中が嫌いです。一方で、街角の喫煙所で白くかすんだ煙の向こうに喫煙者が苦い顔をしながらたむろしているのを見かけると、全く嫌な連中だと思ったりもします。

わたしが勤めているのは、都会か田舎かでいえば、相当な田舎にある短期大学の幼児教育学科です。街なかの防災無線から「クマが出たから気を付けろ」とときどき放送が流れるような田舎です。本書の最後の方にある執筆者紹介を見れば、こんな遠回しなことをいわなくても、勤務先はすぐわかるのですけどね。ソーシャルワークを教えるうんぬん書いていますが、所属は社会福祉学科ではありません。わたしの勤め先は、過去数十年、社会福祉士と保育士の養成を主としていた社会福祉学科だったのですが、二〇一六年の四月に改組しました。長い歴史的経緯の中で、大人の事情やもろもろあっての改組です。現在は、幼稚園教諭二種免許状（以下：幼稚園教諭）や保育士、いわゆる保育者養成がカリキュラムの中心に置かれた学科になりました。社会福祉士養成課程も、一応は引き続いてあります。しかし、短期大学で幼稚園教諭、保育士、社会福祉士を組み込んだカリキュラムは恐れるほどに複雑化し、社会福祉士を希望する学生は非常に少なく、絶滅危惧種のような貴重な存在になっています。履修者はほんの数名。卵一パックよりもうんと少ない、ほんの数名です。学科名称も社会福祉学科から幼児教育学科に変わりましたので、さもありなんという感じです。そば屋と書いてあればそばを食いに、カレー屋と書いてあればカレーを食いに行くのと大差ないと思います。幼児教育屋と書いてあれば、幼児教育を食いに行くだけです。

この学科改組について、わたしは、どちらかといえばチャンスと考えて積極的に取り組んだ「確信犯」ですので、社会福祉士の希望者が絶滅危惧種になったことについて、特段、後ろ向きの気持ちを持っているわけではありません。

でもね。ソーシャルワークの教育研究を主とする教員であるわたしからすれば、職場におけるわたしの需要と供給、費用対効果など、天秤にかけるというか、そんな風に見てみれば、お荷物とか、石つぶしとかいわれても仕方がないなぁとも思います。ラーメン屋にカレー職人がいるようなもんですからね。学内でも、今回の改組は福祉系の教員が自分の首を絞めたのではないかと思っている人もいると思います。さらに、わたしの「たくらみ」を知らない他校の同業者から見れば、自分の首を絞めているどころか、かなり微妙なところに身を置いているヤツと思われても仕方がないと思ってはいます。

というわけで、社会福祉士を希望している極めて少ない学生に対しては、社会福祉士養成の指定科目、実習や演習や講義を担当し、その他、大勢の学生（といっても定員五〇名ですけど）には、保育士や幼稚園教諭の関係科目を担当しているというわけです。要するに短期大学の中で、必要なことは何でもやっているわけです。これからも、どんどん何でもやります。ハッキリいって、今のわたしの仕事の割合から考えれば、社会福祉士の養成教育だけではないですから、保育士も幼稚園教諭も社会福祉士も、どの資格免許を希望する学生もわけ隔てなく、在籍している学生みんな同じように大切なのです。

よくもまあ、ソーシャルワーカーを育てるうんぬんの本で、そんなことをしゃあしゃあといえたもんだって感じだけれども、ここに行きつくまでには、それなりの経緯と決意ってものがあるわけです。

3 「こだわらない」けれど「こだわる」わたし

みなさん、仕事の中でこだわっていることはありますか?

木村のヤツ、のんびりと田舎暮らしの度が過ぎて、馬鹿なことをいってんじゃないよ。と思われるかもしれないのだけれど、わたしは、みんなが穏やかに日々を送ることのできる平和な世界の到来を願っています。これは本気です。

では、「平和な世界の到来」、このような思いは、どこからうまれてきたのでしょう。身勝手だと思われるかもしれませんが、結婚してグルリグルリと世界観が変わりました。子どもが生まれ育てる。日々、成長している子どもたちの姿を見ると、この思いは日増しに強くなってきているといえます。独身の頃や、子どもを授かる前には、正直いって、なんともこの重苦しい空気に満ちた時代に、結婚することや子どもを授かることが、不安で仕方がなかったときもあります。独身サラリーマン時代には、この閉塞感から、宵越しの金は持たないって勢いで、なんだか投げやりな日々を送っていたこともあります。今は、子の父として、子どもたちの時代が穏やかなる時代になってほしい、少なくとも、天寿を全うできるだけの時代であってほしいと願っています。随分、自分としても落ち着いてしまったものだと驚くばかりですが、街場に埋もれた、一人の生活者としての体験から生まれた小さな願いです。

明るい未来なんてくるのかな。今の状況から思いつく色々は、決して明るい未来じゃないのですよね。わたしの専門が専門だから、そちらばかりに気が行くのかもしれないけれども。

いやいや、ちょっと、後ろ向きな空気が襲ってきたので次に進むと、わたしがソーシャルワーク教育に執着している理由は、「願っている」からです。

現実は、暗く、険しい。果てしなく、遠い。でも、信じたい。抗うというより、やっぱり願うとか信じるって感じだな。

と、まあ、「信じる」とかなんとか大変に悠長なことをいっているわけだけれども、これまで出会った人たちが、「期待をする」とか「信じる」とか「願う」を含む「甘っちょろい」思いの大切さ、そして、甘っちょろくても実行し続ける「力」をわたしに与えてくれました。

誰かが、誰かを思い、誰かを大切にする。大切にされた誰かは、また、他の誰かを大切にする。

そうして、ひとりがひとりを大切に思い、多くの人が多くの人を大切に思う。そうすれば、いつの間にか、穏やかな世界になっているのではないかと思うわけです。少なくとも、これまでは、そうではないけれどね。この先はまだわからないし。

という、わたしの信念もあって、ソーシャルワーカーは、「制度」や「法」を巧みに使い「テクニシャン」になることだけが到達点ではないと思っています。ソーシャルワークは、他の人たちに専門用語をひけらかすために身に付けるものではないし、本当に有用かどうかも判別しにくい既存の制度を回すための歯車になるためのもんでもないと考えています。さらに、それすら自覚できているのかどうかもあやふやに、他者の暮らしを支配して、専門家を気取るためのものじゃないと思うのです。このお仕事の難しいところは、わたしを含めた多くの人が自分のしていることは誰かのためになると思いたがるし、何かしら意義がある善行であると思い過ぎてしまう魔力があるってことです。わたしたちのしていることが、他者を変えるほどの力を持っていると思い込むなんて、魔力に毒されているとしか思えませんもの。

他者を大切に思う、その思いを形にするために「制度」や「法」をあくまで、手段として巧みに使うためのものだと思うのです。あくまで手段としてです。

他者を大切に思うのは、誰でも、どこでも、いつでも、いいのです。それを形にする方法は多様であっていいし、実行する人も社会福祉士である必要なんか無いのです。保育士だって、隠居した老人だって、働く母だって、働けない母だって、父だって、家族だって、他人だって、誰だっていい。そもそも資格の有無やその人の置かれている立場なんて関係ないんですよね。ソーシャルワークは、ソーシャルワーカーのものだけじゃないですし。ソーシャルワーカーは基本的にソーシャルワークをする人だけれども、ソーシャルワークはソーシャルワーカーだけのものじゃない。ソーシャルワークはソーシャルワークを必要としている人のもの。みんなのもの。必要な人がやればいいし、やりたい人がやればいい。

いやはや、認定社会福祉士制度もできて「社会福祉士の高度専門化」を目指す二一世紀のこんにちに、わたしときたら時代に逆行していることをいっているかもしれないので、ひどい目に会いそうで怖いけれど、田舎教員のわたしのことなど、誰もひどい目に遭わせる必要がないので、まあいいです。

わたしが、社会福祉士の養成だけに強くこだわることもなく、今の職場で相手構わずソーシャルワークについて語るのは、社会福祉士の養成なんて小さな枠組みの中に縛られることなく、あ、もちろん「社会福祉士養成の教員」もわたしの大事な役割だけれども、「社会福祉士教育」のその前に「ソーシャルワーカー教育」に、もっといえば、「ソーシャルワーク教育」にこだわりながら生きていきたいからだと、これまでの経験を通して今更ながらようやく自分でも気づくことができたからなのです。

4 くずれたものを積みなおす

　先ほどは、なんだか「ソーシャルワークの教員」としてのこだわりをチラつかせたみたいで鼻につく感じになってしまいましたが、実は、そんなに綺麗なものでもありません。

　二〇一一年に何の因果か福島県の短期大学で働き始めてから六年ほど福島県民として生きてきました。東日本大震災後の福島県で暮らすというのは、なかなか感慨深いものです。いろいろ見ました。いろいろ聞きました。いろいろな人の生きざまを目の当たりにしてきました。そして、わたしも、その人たちと同じ空気を吸っているし、彼ら彼女らに会うたびに、悩み、苦しみ、驚き、うろたえ、悲しみ、怒り、絶望し、希望の光を一緒に見たりしてきました。もちろん、笑い、喜び、嬉しさ、たくさん味わいました。そして、わたし自身の人生を大きく変えました。希望の光かと思ったら、逃げ水みたいにどんどん遠くなっていくなんてことも経験しています。それらは、一向に収束する気配を見せず、二〇一七年、現在進行形です。

　福島県で起こっている事の次第については、「東日本大震災」を題材にしている「本」を読んでいただければいいと思います。もちろん、わたしの体験と同じではありませんが、ああ、なんやかんやあるのだなと想像はしていただけると思います。

その中で感じたことですが、例えどんなに絶望の淵に立とうとも、ソーシャルワークは、わたしたちに希望を与えてくれるのではないかと漠然と思えたのです。そう思えたのは、ソーシャルワークを実践している社会福祉士を含む、すべてのソーシャルワーカーのお陰です。結構、シブトイのです、みなさん。なんともシブトイ人たちと時間を共にすることで、漠然と考え始めたわけです。

ところで、すべてのソーシャルワーカーって誰だってことになるわけですけどね。

福島県で仕事をしていると、特に、原発災害関連の支援現場で、支援にかかわる人たちが社会福祉士を所持するソーシャルワーカーではないことも多いのです。社会福祉士に期待していないとか、期待しているとか、専門性を高めるとか、そういう業界的タコツボ議論なんかどうでもいいレベルで、「現実のあれやそれ」は動いています。待ったなしです。だからわたしは、支援にかかわる人、全員をソーシャルワーカーだと考えてかかわることにしています。必要なのは実践する人で、資格の有無なんて、この際、どうでもいいことだと考えています。なぜなら、誰もかれもみんな、大地震、津波、原発事故によってブリブリに引き裂かれた福島県で、それぞれの場所にしがみつきながら、ときにむりくりに剝がされながら、これまでの日々を何とか凌いできているからです。必死に、そうしながら生きています。

みなさんには、今の福島県が、平穏に見えますか？　元に戻ったように見えますか？　一見、平穏に戻ったように見えていても、平穏に見えているだけじゃないかと思います。報道も減ってしまったし。しかし、ヒタヒタと足音を立てて、福島県とそれ以外の場所という分断は確実に暮らしの中に暗い影を落としていると感じています。そればかりではなく、県内の分断も。

わたしは、突如、大きく表れた気味の悪い深淵。のぞき込むと気が遠くなるような深淵に立って、自分がこれまで学び積みあげてきた「ソーシャルワーク」が大きく揺らぐ体験をしました。そして、大して役にも立たないものだと考えてしまいました。あの二〇一一年の大震災と同時に、わたしがそれまで信じて学んできた「ソーシャルワーク」はもろくも一瞬にして崩れ去り、風に吹かれて、跡形もなく、消え去りました。それほどまでにわたしにとって、あの経験は大きなものでした。東日本大震災以降、わたしは、教育の場でソーシャルワークを語るたびにたまらない苦痛を感じるようになりました。どこかしらじらしくて、嘘っぽくて、そこはかとなく偉そうで。

5 「ソーシャルワーク教育」をひらく

六年が経過した今もまだ、風に吹かれた残骸をかき集めながら、一から組み立てている最中ですが、ふとした瞬間「ソーシャルワーク」に対する失望がムクムクと頭をもたげて、情けない気持ちになることが無いといえばウソになります。

それでも、福島県で多くの方たちとかかわりながら日々を送る中で、わたしの中に新たに芽生えた「ソーシャルワーク」の粘り強さに気が付くこともできました。わたしが、粘り強く、いや、しつこく、この福島県でソーシャルワーク教育に取り組んでいるのも、わたしの中に新しく芽生えた「ソーシャルワーク」のねちっこさだと思ってくれればいいです。

他のソーシャルワーカー達のように、最前線で人々の支援に直接かかわる仕事をしていないわたしにできることは何かを考えました。研究？　それとも教育？

わたしなりの試行錯誤のなかで、教育機関において「社会福祉士」を養成することだけが、ソーシャルワークの教員がする仕事でもないのではないかと考えています。例えば、教育機関の中で、社会福祉士取得を目的としない学生たちにソーシャルワークを伝える。教育機関の外で、ソーシャルワーカーが活躍できる環境を整える。あるいは、ソーシャルワークの理解者を増やすことも重要な役目だという思いも強くなりました。

大都市圏に比べ、ソーシャルワークを学ぶことのできる教育機関が少ない地域では、ソーシャルワークの普及や理解がより重要だということも、生活体験から実感してきています。仮に、ソーシャルワーカーではない人たちがソーシャルワークを身近に感じてくれたら、聞いたことがあるという人が増えれば、ソーシャルワーカーでなくとも、ソーシャルワークの実践者が増えることにつながるかもしれないし、ソーシャルワーカーの活躍の舞台も増えるに違いないと考えています。

そして、「社会福祉士」を「増産」することと同様に、いや、むしろ、ソーシャルワークを実践してくれる/気にかけてくれる「社会福祉士」以外の人たちが増えていくことが、世の中には大切なことであって、ソーシャルワークの「研究者」「教員」を自任するわたしの役目の一つなんじゃないかとも思っています。それは、高度な理論をエビデンスにしたものなんかじゃなくて、ソーシャルワークっぽいもの、らしきものでもなんでもいいと思っています。なぜなら、平和な世界になることが目的で、ソーシャルワークは手段に過ぎないからです。

わたしは、社会福祉士養成にあまりこだわり過ぎず、保育士希望の学生、幼稚園教諭希望の学生にも、ソーシャルワークを語ります。また、市民講座を含むありとあらゆる研修依頼、その他もろもろ何でもかんでもどんな仕事でも引き受けて、みっともない、節操のない、こだわりのない人間に見えるかもしれません。しかし、実はとんでもなく、こわだわりをもって仕事をしているのです。「こだわらない」というこだわりです。そして、「たくらみ」があるのです。

社会福祉士教育とは違う場所で、ソーシャルワークの普及や理解を高める、ソーシャルワーカー（あ、わたしです）とかかわりを持ってもらう。社会福祉士養成校という「点」だけではなく、福島県のあっちこっちで、つまり「面」で、わたしが活動することによって「ソーシャルワーク」の「ソダチ」を後押ししたいと考えています。この地で「ソーシャルワーク」に対する認識が広がることが結果として、「ソーシャルワーカー」の「ソダチ」の下支えにつながればよいのではないかと考えて仕事をしています。

ソーシャルワークを実践するソーシャルワーカーばかりではなく、ソーシャルワーク感覚を持つ地域住民がたくさんいたっていいと思うのです。

6 暮らしの中のソーシャルワーク

それでは、「ソーシャルワーク」の「ソダチ」について、わたしたちソーシャルワーカーは、どのように考えることができるでしょう。それは、専門性を高めること？　細分化して活動範囲を広げること？　職域拡大もソーシャルワークのソダチの一つの側面といえるでしょう。そこで、わたしは、先ほどからくどくどと書いているように、一つの提案をしたいのです。それは、ソーシャルワークに親近感を持って下さる方々が増えることで、ソーシャルワーカーの活動が豊かに広がりを持ち、多くの方々の暮らしの中でソーシャルワークを育むという考え方です。

ソーシャルワークは、人々の暮らしを支える方法の一つです。ですから、人々の暮らしと共にあるといってもいいでしょう。何か特別な場所で、特別な人たちが、特別なことをしている、謎の儀式的なことであってはならないのだと思います。常に、わたしたちの暮らしの中にあってこそ、ソーシャルワークが育ち、生きるのだと考えます。

たとえばなしで恐縮ですが。

わたしたちの暮らしの始まりと終わり。つまり、「誕生」と「死」。昔々、もともとは、わたしたちの暮らしの中にあるできごとであったこの二つですが、今はどうでしょう。周りを見渡しても、自宅で生まれ自宅で看取られる人はほとんど見かけなくなりました。一応、暮らしの中といえば、暮らしの中ではありますが、高度に専門化した専門家の仕事であるという認識が一般的になっていて、「ご飯を食べる」、「風呂に入る」、「服を着る」というできごととは、全く異なる次元のできごとになっています。暮らしの中で子どもを産み、誰かの死を看取ることも、もはや、食う、寝る、と同様に語ることはできない世の中です。つまり、暮らしの中の営みが専門家の仕事になることによって、暮らしから切り取られてしまい、何か特別なこと、そこで何が起こっているか今一つよくわからないブラックボックスのような「特別なできごと」になりました。もはや、専門家の仕事になった「出産」と「看取り」は、おそらく、二度とわたしたちの暮らしの中の営みとして戻ってくることはないのでしょう。

そこで、ソーシャルワークです。専門家の視点による専門家支配的な支援だけではなく、あくまで、エンパワメントだのストレングスだのと、本人を中心に据えた支援を謳うソーシャルワークです。専門家の仕事ではありながらも、本人、つまり素人の暮らしの営みという側面を失くしてしまってはいけないでしょう。本人を中心に据えた支援が謳われる一方で、より高度なソーシャルワークへと細分化を推し進め、ブラックボックス化していくだけでは、「誕生」や「死」と同じ道のりを歩むことになるのではないかと思います。人々の暮らしから切り離された専門家の仕事としてのブラックボックス的ソーシャルワークという側面だけになってしまっては、ソーシャルワークは死んだも同然だと思うのです。

ソーシャルワークを育て、ソーシャルワーカーが育つためには、ソーシャルワークはわたしたちの暮らしのそばにあり続ける必要があるのだと思います。そのためにも、ソーシャルワーカーは自身の専門性の向上に関心を向けるだけではなく、ソーシャルワークの理解者である人たちを増やすことも大切な役割であると考えています。

残念なことに、ソーシャルワーカーの倫理綱領や行動指針には、ソーシャルワークの理解者を増やす、うんぬん、なんてことは書かれていません。しいていえば、ソーシャルインクルージョンについて触れられていたり、後輩を育てるべし的なことが書いてあるくらいで、益々、専門家の専門家による専門家のためのソーシャルワークになってしまうんじゃないかとさえ思えます。

福祉の仕組みが細かくなればなるほど、社会化されればされるほど、ソーシャルワークはわたしたちの暮らしの営みから遠くへ離れていきます。

7 「ソーシャルワーカー」は「ソーシャルワーク」を育てているのか?

ソーシャルワーカーは、ソーシャルワーカーとして自らが「ソダツ」責任を負うのと同様に、ソーシャルワークを「ソダテル」責任も持っているのだと思います。

そのためにできることってどのようなことがあるのでしょう。ソーシャルワーカーとして、ソーシャルワークをソダテル。そうすることがソーシャルワーカーの「ソダチ」につながる。ソーシャルワークのソダチの一つの側面として、わたしは、例えば、ソーシャルワークを聞いたことがある、知っている人たちを増やすことについて書きました。やれることは、そんなにドデカイことでなくてもいいと思います。

セツルメント活動って覚えていますか? テキストに載っていたり、テストに出たりしたアレです。支援者が課題のある当該地域に生活することで、社会改良するとかいう、アレです。アレ。

テキストの中に書き込まれているように、支援者が希少な生き物だった一〇〇年前に対して、日本国内に約二〇万人の社会福祉士がいる現在は、比べ物にならないくらい可能性に溢れた環境だということもできます。つまり、わざわざ、当該地域を見つけて居を移すなんてことをしなくても、日本国中、どこにでもソーシャルワーカーが住んでいるってことだと思いませんか？

ソーシャルアクションという言葉があります。これも一種の社会改良です。しかし、勤め人としてどこかに所属しながら、アクションを起こすのは、何か荷が重いと考えているソーシャルワーカーもいるのではないかと思います。わたしも、短期大学に所属して、短期大学の仕事をしていますので、正直いって、なかなか荷が重いです。必要だと思うことはたくさんあるのですが、できないことも多くあり、もやもやしたりもしています。

しかし、自分が住んでいる街を少し変化させるくらいならできるのではないかと思います。そんなに大きな範囲を射程に据えなくてもいいのだと思います。住んでいる地域の中で、ソーシャルワークの理解を深めることも、社会に向けてアクションを起こすことの一つだと考えると、社会福祉士の約二〇万人を含めた、すべてのソーシャルワーカーが、それぞれの場所で、例えば、勤め先の工場で、勤め先の銀行で、勤め先の福祉施設で、勤め先の学校で、とにかくあらゆる場所で、少しでも何かしらアクションを起こしたら、何が起こると思いますか？

厳密にはセツルメントとは異なるアクションだとは思いますが、自分が住む街でアクションを起こすって、どんな小さなことであっても、ソーシャルワークだと思いませんか。

現在、福祉の仕事をしているかどうかなんて関係ないことだと思います。社会福祉士を例に挙げましたが、精神保健福祉士だって、保育士だって、無資格だって、誰だっていいのだと思います。そして、どんな仕事に就いていても就いていなくても関係ないのだと思います。福祉職でなければならないってこともないですから。そうやって、ソーシャルワークを聞いたことがある、知っているという人たちが増えたら、今越えられない壁を超えることができる、そんなできごとも増えるかもしれません。

8 「ソダチ」を支え、「ソダテ」られていくわたしたち

ソーシャルワーカーの「ソダチ」を書くはずが、わたしの事ばかり書いてしまいました。どうもすみません。それでも、これもソーシャルワーカーであるわたしの「ソダチ」にかんする告白と思っていただければ幸いです。他のソーシャルワーカーやソーシャルワークそのものの「ソダチ」を意識しながら過ごす中で、わたし自身も「ソダテ」られてきました。そして「ソダッテ」いるはずです。おそらく。

みなさんの「現場」は、福祉臨床です。そして、わたしの「現場」は、教育臨床です。

場所はそれぞれに違っているけれど、みなさんと同じようにわたしも「現場」でソーシャルワークを実践しているソーシャルワーカーであると思っています。思ってもいいですよね？　ダメですか？　いや、いや、ダメといわれても、引きません。

みなさんの現場は、福祉の場。わたしの現場は、教育の場。お互いがお互いに、自分の持ち場で、丁寧な仕事をしましょう。一人ひとりができることなんてたかが知れているし、限られています。わたしも、自分の手が届く範囲のことしかできていないし、それだけの存在です。

そうやって、わたしたちソーシャルワーカーは、一人ひとりが「ソダチ」「ソダテ」られながら成長していくのだと信じます。

教員として、十分に成長できていないわたし自身の力不足を嘆くよりも、一歩でも前に進むことをわたしは今、選びます。仲間をつくり、理解者をつくる道を選びます。

本当は、何でも知っている、何でもできるイケてる教員として、カッコつけたいのですが、それは十分にできません。恥ずかしいのですが、それが等身大のわたしです。

短期大学に身を置いたわたしは、社会福祉士教育とソーシャルワーカー教育とソーシャルワーク教育のいずれかに特化することなく、「こだわらない」というこだわりを持って教育実践に取り組んでいます。地域住民へのソーシャルワークの浸透も「たくらみ」の一つです。

わが国の大学、専門学校の福祉系学部・学科は、社会福祉士、精神保健福祉士などの国家資格の誕生以降、受験資格に必要な講義や演習、実習を中心にカリキュラムを構造化した。これは、福祉の専門性や資格を育てるうえで必要な構造化であった。しかし、われわれは資格のために整理された理論や知識を重視しつつも、それだけで福祉教育を醸成できるとは考えない。福祉教育は、何より「生のリアリティ」がもつ、わからなさ、矛盾、葛藤と向き合う時間や経験であると考えるためである。つまり、福祉教育の原点は、整理された理論・知識のほかに、「生のリアリティ」と向き合う経験を不可欠とする。（『生のリアリティと福祉教育』序文、福山・尾崎編 2009）

右の文章にもあるように、今の社会福祉士養成の仕組みは、必要に応じて多くの人たちが大変苦心して作りあげてきたものです。「福祉の専門性や資格を育てるうえで必要な構造化」であったと、わたしも思います。そして、その形は、時代の要請に呼応するように常に変化し続けていくことでしょう。

しかし、日々、教育の場で教育活動にあたる中で、何か物足りなさを感じるというか、これでいいのか？　という疑問を常に抱いてもいました。

今、わたしが経験していることは、ソーシャルワーカーとして、わたしの「生のリアリティ」と向き合う経験の一つなのかもしれません。

整理された理論や知識を重視しつつも、それだけでは福祉教育を醸成できるとは考えない。（『生のリアリティと福祉教育』序文、福山・尾崎編 2009）

現場の仕事を初歩から支え続ける、実務的でありながら人間的な意欲を掻き立てるような力のある教育をどうつくりあげるかという大きな課題。（『福祉援助の臨床』はしがき、窪田 2013）

これらはやはり、一朝一夕に築きあげることのできない大きな宿題です。それでも、わたしなりのやり方で、種をまき続けようと思います。

ソーシャルワークは、ソーシャルワーカーのものだけではない。ソーシャルワークはみんなのもの。社会福祉士はソーシャルワーカーとして、さらなる高度専門職として、どんどん細分化していけばいいと思います。認定○○社会福祉士とか、そんなのになればいいと思います。専門の人が高度な技を使う必要も高まると考えるからです。さらに、養成教育の形を変えていくことも必要だと考えています。一方で、高度化、細分化すればするほど、ソーシャルワークがわたしたちの暮らしから遠く離れていくような、特別な場所で特別な人に向けて、特別な人が扱う秘術のような存在になってしまうのではないかとの心配もあります。そんな心配もあるので、高度な理論に裏付けられた実践をするソーシャルワーカーがいる一方で、ソーシャルワーク感覚を身に付けたひとびとが自分たちの生を維持するためにソーシャルワーク的な取り組みをする。わたしは、そのような未来が来てくれるといいなぁなんて思っています。

そして、いつか、ソーシャルワーカーも、ソーシャルワークも、そんなものは必要の無い世の中になってほしいと願います。

今、わたしが行動する範囲ではありますが、短期大学の中でも、そちらこちらの地域でも、パラパラと種をまき続けることによって、いつか、その中のいくつかが芽を出して根付いてくれると信じて活動を続けます。

一応、ソーシャルワーカーの「ソダチ」を支えるための、ソーシャルワークを「教える仕事」をしているわたしですが、こうして日々、あれやこれやに「ソダテラレ」ています。

いわゆる社会福祉の「専門家養成」に特化しない、「普遍的」「創造的」な取り組みとしての「福祉教育」を、社会に提案したいと考えているのである。（『生のリアリティと福祉教育』福山・尾崎編 2009: 267）

最初に引用した一文です。

これで、わたしの話は終わりです。

窪田、尾崎に対する応答になっていたでしょうか。まったくの的外れに終わってしまっているかもしれませんね。

9 いまさらですが、リッチモンドに帰れ

無理やり「オチ」までつけて終わったように見せて、実は続きがあるのです。

というのも、第8節までは、窪田、尾崎の引用こそありましたが、基本的に先行研究などは気にしないで、自分勝手に書き進めてきたわけです。窪田と尾崎への応答のつもりで、ソーシャルワーカーとして教育に取り組むうえでの方向性や信念について、わたしの体験を通して書いただけのつもりだったのです。ところが、本章も終わりに近づいたところで、改めて最初から読み返して、ある重大なことに気が付いてしまったのです。

その重大なこととは！　ふむ？　どっかでみたぞ？この雰囲気。というか、論旨。みたいな。

それで、パラリパラリと本棚で目についた本をめくったら……。

母ちゃんのいってた通りじゃないかってこと！

「ケースワークの母」といわれるM・E・リッチモンドじゃないの！ってなわけです。

本章を通してわたしは、ソーシャルワークの理解者を地域に多くしたほうが、ソーシャルワーカーの仕事はしやすいし、本領発揮につながると考えて、教育機関内の専門家教育に限定せずに、どんな人が対象の活動でも積極的に引き受けていると書きました。そのような取り組みが、ソーシャルワークを育てることにつながると書きました。そのうえで、それが社会に向けた何らかのアクションになるんだとも書きました。

この展開なのですが、実はこれ、リッチモンドが一九〇五年に発表した「改革の小売的方法」(The Retail Method of Reform)の中でいっていた主張と結構重なることに気付いたわけです。リッチモンドは、ソーシャル・ケース・ワーク(個別援助)と社会改革との相互関連性を高めること、つまり、慈善組織事業における「個人を対象にした仕事」を「小売り的方法」として、「社会改革」を「卸売り的方法」として、二つに分けたうえで「社会改革の全ては、小売り的方法の注意深い取り扱いの導くままに忠実に従っていった場合に、必然的に展開される」(『ソーシャルワーク理論の歴史と展開』小松、1993：45)といっています。

小売り的な仕事を丁寧にする、そして関心を持ってもらうことを通して、卸売り的な方法に向かっていくことができるというわけです。つまり、小さなことの積み重ねが社会の改革(社会に対する何らかのアクション)につながっていくというようなことと理解しました。

わたし、自分がやってきたことについて、だらだらと偉そうに書いてきましたが、一〇〇年以上前にリッチモンドがいっていたことを、今のわたしの経験を土台に焼き直しただけなのですね。ぐるっぐるっと二周くらいして帰ってきた気分です。いや、三周でもいいです。あぁ、恥ずかしい。やはり、ケースワークの母といわれるだけあります。リッチモンド。母は強し。

最後まで調子よく筆が進んできて、こんなことに気が付いてしまって、ちょっとがっかりしましたが、「ケースワークの母」がいっていることなのだから、わたしが選び進んできた道は間違っていないかもしれないと思うと、それはそれでなんだか勇気が出てきたりもします。わたしなりの「小売り的方法」を継続することで「卸売り的方法」につなげてやるぞとの思いも高まりました。進む道が見えた気がします。まあ、これでいいのかもしれないなって。

これは、わたしに限ったことではなく、すべてのソーシャルワーカーにいえることだとも思うのです。特定の場所で雇われ職員として、「これはソーシャルワークなのか?」と自分の実践に「ソーシャルワークらしさ」を感じることができずに自問自答しながら「不本意」な仕事をしている人を見かけるときがあります。また、日ごろの実践に不安を抱きながら行く道を見出せないという人もいます。職種としての「ソーシャルワーカー」を希望しているが、今、自分が置かれている立場は思っていたそれとは違うとか。「ソーシャルワーカー」ってこれでいいのか? とか。

待ってくださいよ。ちょっと大胆な主張になりますが、そんなのこの際、どうでもいいってことです。今、自分がしていることの「凄味」に気が付いていますか。そこにソーシャルワークスピリットは宿っていますか？

どんなところにいても、どんな立場でいても、福祉の仕事をしていても、今はしていなくても、資格があっても、資格がなくても、わたしたちの中に、ソーシャルワークスピリットが宿っているのであれば、わたしたちはソーシャルワーカーとしてソーシャルワーク実践によって社会を変えることもできるのだと思います。

「ソーシャルワーカー」という職種に就いていたとしても、なんか難しそうなことをゴニョゴニョいっていたとしても、そこに、ソーシャルワークスピリットが宿っていないのだとすれば、それは、単に「厄介ごとを処理しているだけ」で、ソーシャルワークではないのかもしれないです。

みなさんがしていることは、ソーシャルワークですか？

みなさんは、ソーシャルワーカーですか？

ソーシャルワーカーよ、大志を抱け。

それでもって、ソーシャルワーカーよ、リッチモンドに戻ろうじゃないですか。

こんなことをいっているのも時代遅れかもしれないので、すべてをそのまま鵜呑みにしなくてもいいのですが、たまには、先人のいうことを振り返ってみないとだめだなぁと思ったわたしです。

温故知新とはよくいったものですね。

さあ、顔をあげて、前を向いて、自分の足取りをしっかり自分で感じながら、一緒に歩いていきましょうよ。みなさんの大切な人たちや街が、ほら、みなさんを待っていますよ！

Key Word

・「こだわらない」という「こだわり」
・ソーシャルワークを育てる
・ソーシャルワークの理解者を増やす

〔引用・参考文献〕
福山清蔵・尾崎新編 2009『生のリアリティと福祉教育』誠信書房
窪田暁子 2013『福祉援助の臨床』誠信書房
小松源助 1993「メリー・リッチモンドの思想と生涯」『ソーシャルワーク理論の歴史と展開』川島書店：33-67
平塚良子 2004「メアリー・リッチモンドのソーシャルワークの機能論省察」『西九州大学健康福祉学部紀要第四四巻別刷』：73-80
——2010「メアリー・リッチモンドによる臨床科学モデルの現代的意義」『大分大学福祉社会科学研究科

紀要一三号』: 43-54
Mary E.Richmond 1906 'The Retail Method in Reform' "International Journal of Ethics" Vol.16, No.2, pp.171-179. The University of Chicago Press.
——— 1917 Social Diagnosis. Russell Sage Foundation.（= 2012 佐藤哲三監訳『社会診断』あいり出版）
——— 1922 What is Social Case Work? An Introductory Description. Russell Sage Foundation.（= 1991 小松源助訳『ソーシャル・ケース・ワークとは何か』中央法規出版）

CHAPTER 3

〝教えない〟ソーシャルワーク教育

――〝余白〟が担保する主体的・対話的な学び

……荒井浩道

1 はじめに

福祉ニーズが多様化、複雑化するなか、「支援」のあり方が問われています。高い専門性を有した支援者が「支援」を行えば、その「支援」は「良い支援」となる、という教科書的な説明には限界があります。そもそも「支援」とは何でしょうか。わたしたちは、どうすれば「良い支援」を行うことができるのでしょうか。

〝1＋1〟の答えは、誰が解いても〝2〟です。決して、〝1〟や〝3〟ではありません。そこには、誰もが納得する明確な「正解」があります。しかし「支援」には、そのような誰もが納得する「正解」はありません。支援者が、クライエントを支援するとき、どのような「支援」が「良い支援」となるかは、それほど明確ではないのです。

ある支援者が、クライエントに対して「支援」を行います。そのとき、支援者は、その「支援」がクライエントにとって「良い」と考え、そのうえで「支援」を行います。支援者であるからには、誰しも「良い支援」を行いたいものです。そこではもちろん、「悪い支援」をしよう、などと思って「支援」することは、原則的にありません。

しかし実際には、支援者が「良い」と思った「支援」が、クライエントにとって本当に「良い」ものとなるかは分かりません。たとえ支援者が、その「支援」を「良い」と判断したとしても、クライエントにとって「良い」とは限りません。支援者が「良い」と判断しても、クライエントにとって「迷惑だ」、「余計なお世話だ」というように、「悪い支援」として受け止められることもあるでしょう。

また、支援者が「良い」と判断した「支援」であったとしても、実際はクライエントを傷つけてしまうという危険もあります。支援者が良かれと思って行った助言・指導が、意図せず「上から目線」なものと受け止められて、クライエントを傷つけてしまうこともあるでしょう。そのような「支援」は、支援者の単なる自己満足であり、「良い支援」とはいえません。

さらに言えば、支援者とクライエントの二者間で、相互に「良い」と受け止められた「支援」であったとしても、周囲の第三者からみれば、必ずしも「良い支援」として受け止められないこともあります。逆にいえば、第三者からみれば「良い支援」であったとしても、支援者とクライエントにとっては、「良い支援」として受け止めることができないこともあるでしょう。

このように、「支援」とは極めて複雑な行為です。そこに、誰もが納得できるシンプルな「正確」を設定することは不可能なのです。しかし、「正解」が存在しない行為として「支援」をとらえると、大きな問題が生じます。それは、「正解」のない「支援」を、どのように「学ぶ」のかということです。さらにいえば、そのような「正解」のない「支援」を、どのように「教える」のかということです[1]。

この章では、「支援」をどのように「学ぶのか／教えるのか」ということを考えることを通して、「ソーシャルワーカーのソダチ」というこの本のテーマに接近してみたいと思います。

2 支援における正解

(1) 国家資格化の功罪

一九八七（昭和六二）年、社会福祉士及び介護福祉士法が成立しました。そして、一九九七（平成九）年には、精神保健福祉士法が成立しました。国家資格化されたことで、「ソーシャルワーカー」とよばれる社会福祉領域の専門職は、法律により一定の専門性が保証されることになりました。国家資格化により、ソーシャルワーカーの社会的信頼度も高くなったといえるでしょう。

社会福祉士と精神保健福祉士は、「名称独占」の国家資格です。有資格者以外はその名称を名乗ることができません。もちろん、医師や看護師のような「業務独占」の資格とは異なり、独占的に業務を行うことができるわけではありません。それでも、国家資格として、国によって知識や技術などの一定の専門性が担保されるという強みがあります。資格創設当初はさておき、今日では、「ソーシャルワーカー」を名乗るうえで、社会福祉士、精神保健福祉士という国家資格を取得しておくことは、もはや必須といえるでしょう。福祉系の求人では、社会福祉士や精神保健福祉士を持っていることが採用要件となっているものも、ずいぶん増えたように感じます。

しかし、国家資格になることは良いことばかりではありません。国家資格化によるマイナスの側面もあるように思うのです。それは、「正解」のない「支援」に、「正解」が設定されてしまったことといえるでしょう。

(2) 最低限の質保証

社会福祉士、精神保健福祉士になるには、大学等で授業を受ける単位認定されるだけでは不十分です。国家試験を受験し、合格する必要があります。つまり、国家試験という関門を突破することではじめて、有資格者となることができるのです。

国家試験はフォーマルな試験ですから、出題基準と合格基準が明示されています。例えば、二〇一七年一月に行われた第二九回社会福祉士国家試験では、一九科目にわたり筆記試験による出題がなされました。一五〇点満点中、八六点以上を得点し、なおかつゼロ点の科目がないことなどが合格の基準とされ、一万一八二八名の合格者が誕生しました。合格率は二五・八％と、なかなかの難関です。

受験生が、この国家試験に合格するためには、「正解」が設定されている設問の「正解」にたどり着かなければなりません。結果的に、受験生の学習で優先されることは、この「正解」にむけて「知識」を積み重ねていくことになります。

国家試験で問われる知識は、児童福祉法、障害者総合支援法、介護保険法などの制度的知識です。また、アセスメント、スーパービジョン、○○アプローチなどの技術的知識を身につける必要もあります。さらには、倫理綱領、行動規範など倫理的知識を身につける必要があります。国家試験で問われる知識は、制度、技術、倫理など多岐にわたります。

このような多くの正しい知識を身につけたひとは、それを身につけていないひとよりは「良い支援」を行ううえでのアドバンテージがあるでしょう。当たり前のことですが、誤った知識にもとづいた「支援」は、「良い支援」とはいえません。

しかし、たくさんの知識を頭のなかにインプットすること、それ「だけ」では、十分とはいえないでしょう。「正解」に向けてたくさんの「知識」を積み重ね、難しい試験を突破したひとであっても、そのまま「良い支援」を行えるわけでないのです。国家試験で担保されるのは、あくまでもソーシャルワークの知識的側面です。有資格であることは、支援の質を最低限保証するものとして限定的にとらえる必要があるでしょう。

3 標準化できないもの

(1) 複雑な営みとしての支援

ところで、これまで言及してきたように「支援」には「正解」がないのはなぜなのでしょうか。その理由は、すでに少しみてきたように、「支援」という行為が、高度に複雑な営みであることに求めることができます。

たとえば家電製品の操作の場合、だれでもマニュアル（取扱説明書）を読むことで操作をすることが可能です。この意味において、家電製品の操作には「正解」があります。マニュアルさえあれば、多少複雑な操作が求められる場合であっても、問題なく家電製品を「上手に」動かすことができます。家電製品を操作するという行為は、一方向的でシンプルなものです。

しかし、「支援」を「上手に」行うためには、マニュアルはほとんど役に立ちません。当たり前のことですが、「支援」の対象であるクライエントは、機械ではなく人間です。「支援」は、支援者が一方向的に行う単純な行為ではありません。「支援」は、支援者とクライエントの相互的なやりとりが求められます。

さらに「支援」という行為を複雑にしているのは、それ支援者とクライエントという二者以外の要素です。「支援」は、支援者とクライエントの二者間だけで営まれるものではありません。とくに近年の「支援」の現場で強く求められるのは、多職種との連携・協働です。それに加え、「支援」は、支援者が所属する組織、活動する地域、活用できる社会資源などの影響も強く受けます。

このようにみてくると、「支援」という行為は、極めて複雑な営みであることがわかります。「支援」は、支援者による一方向的な行為ではありません、対象となるクライエント、連携・協働が求められる他の専門職、さらにはそれ以外の外部的要因が相互に影響し合う、ダイナミックな営みといえるでしょう。

(2)「科学的支援」の落とし穴

さてこのことを確認したうえで、改めて支援者についてみていきたいと思います。当たり前のことですが、「支援」において、支援者という要素はとても大きな影響力をもちます。支援者は、「支援」が上手くいくかどうかを大きく左右します。

そのため、科学的に効果あるとされているどのような支援方法であっても、支援者次第で、支援効果は大きく変わります。支援方法の効果を十分に引き出すことも可能ですが、支援効果が半減するリスクもあります。さらにはクライエントを傷つけたり、クライエントの回復を妨げたりするなど、逆効果となる危険もあるでしょう。この意味における支援者は、「支援」におけるリスク要因でもあるのです。

理想をいえば、すべての支援者が高い専門性を発揮し、良い支援を行うことが求められています。控えめに言っても、「悪い支援」を行わないため、支援者の技量は最低限の基準をクリアすることが求められます。このような視点から支援者養成をみたさいに注目されるキーワードは、「標準化」です。

しかし、ここで問題となるのは、支援者も一人の人間であるという当たり前の事実です。標準化しきれない個性をもっていることは無視できません。

このような支援者の特徴は、支援を科学的に展開しようとする近年の潮流においては、とても不都合なものです。「良い支援」を達成するための変数として、あまりにも不安定な要素だからです。科学的に効果があるとされるアプローチを採用しても、支援者の個別性によって、いかようにも歪められてしまいます。だからこそ、支援者は「標準化」されることが求められているのです。

しかし、どうでしょうか。いくら「科学的支援」に不都合だからといって、闇雲に支援者を標準化する流れには抵抗があります。そもそも、支援者の個別性は標準化し尽くせるものではありません。金太郎飴のように、均質な支援者を養成することは、不可能といえるでしょう。

もちろん支援のすべてが標準化できないわけではありません、倫理や技法など、標準化されるべき側面もあります。しかし、決定的に標準化できないものがあります。それは支援者の性別や年齢といった身体的な特性（身体性）です。身体性は支援者の変更不可能な要素です。これまで「支援」を論じるうえでそのような身体性が取り上げられることはほとんどありませんでした。しかし、このことは支援を決定的に方向づけるほど重要なものであると感じています。このことについて、わたしの経験にもとづき論じていきたいと思います。

4 透明な支援者

（1）支援者の身体（性別）

まず性別の問題です。わたしの性別は男性です。身体的にも男性であり、これまで男性であるというアイデンティティに違和感を抱いたことはありません。このようなわたしの男性という性別は、標準化しがたいわたしの特性です。喋る声色は、女性のように高くありません。お化粧をすることもありません。服装も一般的な男性用のスーツを愛用しています。このようなわたしの男性性（男性であるということ）は、実際の支援場面でポジティヴに働くこともあれば、ネガティヴに働くこともあります。

ここ数年のわたしが支援実践を行っているフィールドは、小学校を中心とした学校現場におけるスクールソーシャルワーク、スクールカウンセリングです。同じ学校現場のなかでも、小学校というフィールドの特徴は、中学校、高等学校と違って、児童への直接的な支援以上に保護者への支援や教員との連携がもとめられます。保護者面接の対象は、九割以上が母親、つまり女性です。また小学校教員の過半数は女性です。このようなフィールドにおいて、わたしが男性であるということは、支援者として第三者的立場に立ち、一定の距離をとることを容易にし、同性間で巻き起こる特有のコンフリクト（対立）を回避することに繋がります。しかし、男性であるわたしは、当事者として女性を経験したことがありません。当事者ならではの悩みについて十分に寄り添えていないこともあるでしょう。

男性であるということが特にネガティヴに働くのは、たとえば児童が父親から虐待を受けているケースです。そのような児童は男性一般に対して「怖い」という感情をいだだく傾向があります。どのように優しく接しようとしても、わたしが男性であるという疑いようのない事実は、その児童に不安を与えることにつながります。女性の支援者とくらべて、児童との関係を築くのに多くの時間を必要とします。しかし、恐怖の対象である男性であるということを逆手にとることで、「怖くない大人の男性」のモデルとなることを目指すことも可能です。

(2) 支援者の身体(年齢)

性別以外にも、身体性は支援に少なからず支援に影響を与えます。たとえば、年齢です。わたしの年齢は四〇歳代です。二〇歳代ではできなかった支援が、四〇歳代のいまだからこそ可能になっていることもあるように思います。逆に二〇歳代にはできていた支援が、四〇歳代の現在ではできないということもあるように思います。おそらく六〇歳代になったら、いまはできる支援ができなくなることもあるでしょうし、いまはできない支援ができるようになることもあるでしょう。

これまで標準化できないものとして支援者の身体性についてみてきました。「支援」を行ううえで、努力や工夫などではどうにもならない要素です。そして、「支援」の方向性を大きく左右する要素ともいえるでしょう。

しかし、この身体性は、「支援」のあり方を考えるうえで性別や年齢などの身体性という要素は、あたかも存在しないかのように「支援」が論じられてきたように思います。思い起こせば、「支援」の流れが記述される事例には、クライエントには、〝Aさん(八二歳、女性)〟というように年齢や性別などの身体性が併記されるのが一般的です。しかし、支援者が、〝B社会福祉士(四三歳、男性)〟と表記されるのをみたことがありません。「支援」において、支援者は、具体的な個人ではなく、抽象的で透明な存在として位置づけられてきたといえるでしょう。支援者は、意図的、あるいは無意図的に標準化されてきたのです。

当たり前のことですが、支援者も身体を持った一人の人間です。ソーシャルワークでは、クライエントを一人ひとり個別の存在として認識することが強く求められます。それと同じように、支援者を個別の存在として位置づけて「支援」のあり方を考えていく必要があるでしょう。

5 「教える教育」の限界

(1) 支援方法をどう教えるか

これまで標準化できない支援者の要素として、支援者の身体性についてみてきました。「科学的支援」という視点からいえば、標準化できない要素はとても不都合なものかもしれません。しかし、実際の支援においては、標準化できない要素も無視することはできません。さらにいえば、そうした標準化できない要素に目を瞑るのではなく、「支援」を行ううえで積極的に位置づけていくことも可能といえるでしょう。

このような標準化できない要素は、身体だけではありません。身体以外の支援者の特性も支援に大きく影響を与えています。そして、そのような特性は、「科学的支援」における不都合な要素として位置づけるのではなく、積極的に位置づけることでよりよい支援に繋がる可能性があるように感じています。

このことは、わたしが大学教員、研修講師の立場から支援方法を教えるなかで、気付かされたことです。わたしは、一〇数年ほどまえから支援方法を中心に授業、研修を担当してきました。大学では支援方法を演習形式で教える相談援助演習という科目を中心に授業を担当しています。また、研修講師として支援技法を中心とした研修を担当することがあります。

こうした授業、研修の受講生のニーズは、どのようにすれば「上手に支援できるか」という実践的なものです。授業・研修内容もそのような受講生のニーズにもとづいて実践的な内容で組み立てています。

(2) 面接方法の授業

ここでは具体的な授業、研修内容の例として、面接方法の授業を取り上げてみたいと思います。面接方法の内容に割くことの出来る時間は、大学の授業では九時間、丸一日の研修では六時間程度です。そのなかでの大まかな流れは次のとおりです。

まず、クライエントと面接する際に支援者が注意すべきことはなにか、面接時にクライエントとどのような位置関係で座ることが望ましいかなど、面接の前提となる事柄についてレクチャーします。そのうえで、クライエントの語りにどのように耳を傾けることが有効か、クライエントに対してどのように質問することが有効かなどの技法的な内容のレクチャーを行います。それと平行して、それぞれの技法を体験的、体感的に学ぶため、ロールプレイを行います。小グループ

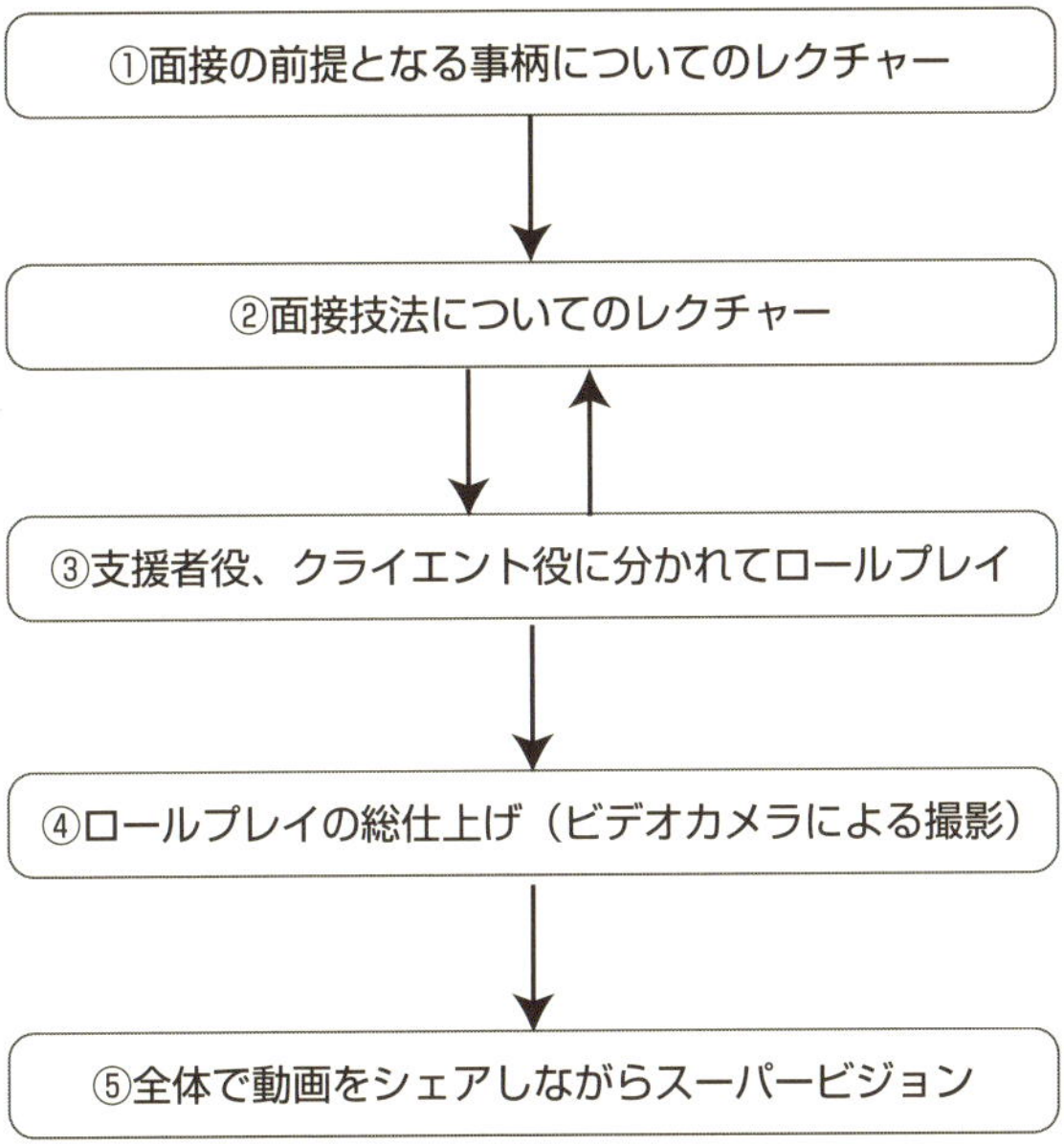

図１　面接方法の授業の流れ

写真１　ビデオカメラによるロールプレイ場面の撮影の様子

をつくって、支援者役、クライエント役に分かれて実際の支援場面を想定してそれぞれの役割を演じます。そして、役割を入れ替えるなどして、支援者役、クライエント役の双方の立場を経験してもらいます。一通りの技法を体験したあとで、ロールプレイの総仕上げとして、それまでに習った技法をフル動員したロールプレイを行います。そしてその様子を、ビデオカメラを用い、ロールプレイ場面を動画撮影します。最後に、その撮影された動画を映写し、全体でシェアしながらスーパービジョンを行います（図1、写真1）。

(3) 教えることの限界

わたしはこれまで一〇年間ほど、この流れで面接方法の授業を行なって行きています。授業内容の大枠は、ほとんど変わっていません。ですが、「教え方」は、初期の頃と最近では大きく変化しています。

初期の頃、わたしは面接技法の「正解」を丁寧に教えていました。たとえば、椅子の座り方、相槌の打ち方、質問法などのようにすれば「上手に」面接ができるようになるかを、かなり詳しく教えていました。さらには、受講生にはより専門的な質問法も使ってもらうため、ナラティヴ・アプローチの影響相対化質問法（「その問題が、あなたの人生にあたえている影響を教えてくださ い」と質問する）や、解決志向アプローチのコーピング・クエスチョン（「そのような辛い状況の中、これまでどのように対処してきたのか教えてください」と質問する）などの技法についても解説を行いました。

しかし、このような「教え方」には限界がありました。面接場面をビデオカメラで撮影する受講生の様子は、とてもぎこちないものでした。受講生はクライエント役の顔ではなく、わたしが配布した「正解」の書かれたレジュメを終始覗き込んでいました。面接場面における会話の文脈に十分配慮することなく、唐突に「その問題が、あなたの人生にあたえている影響を教えてください」とナラティヴ・アプローチにおける影響相対化質問法を繰り出し、会話が途切れてしまうこともありました。

たしかに、受講生のニーズは技法の修得にありました。だからこそわたしは、技法を丁寧に教えていました。しかし、結果として受講生はその技法を十分に修得することはできていなかったといえるでしょう。そこには、教えれば教えるほど、技法の修得から遠ざかってしまうという逆説があります。

（4）失敗からの学び

それではどのように教えれば、受講生が技法を適切に使いこなすようになるでしょうか。わたしはこのような教え方の失敗を経験して、授業、研修の流れは変えずに、「教え方」を変更しました。これまで丁寧に扱っていた面接技法を、丁寧には教えないようにしたのです。技法については、ほんとうに基礎的な部分に言及する程度で簡単な解説を行うようになりました。ナラティヴ・アプローチや解決志向アプローチで使われる専門的な質問法を扱うことは止めました。そしてロールプレイのビデオ撮影をする直前には、「さきほど解説した技法については、忘れてくださ い。普段通りに会話をしてください。会話を続けることを意識してください」といった指示を出すようにしました。つまり、受講生が「正解」を意識しないように配慮しました。

そうすると、かつてのように無理やり技法を使い、ぎこちなくなることは無くなりました。わたしの配布したレジュメを覗き込む受講生もいなくなり、みな目の前にいるクライエント役の受講生との会話に集中するようになりました。そして、驚いたことに、一切教えていないはずの専門的な技法を用いる受講生も現れるようになりました。受講生は、そのような技法があることは知らないはずです。それにもかかわらず、適切な場面でとても自然に質問技法を繰り出し、クライエントの語りを引き出すことができるようになります。

このように、教えていない技法を受講生が適切に使用するという現実を目の当たりにすると、教員がすべきことは、「教える」ことではないということに気付かされます。ロールプレイの様子を撮影した動画をみながら、「いま、支援者役のCさん（受講生）は、〇〇と質問しました。これは〇〇アプローチでいわれる、〇〇という質問法にとても近いものです」と指摘するのが精一杯です。

このようなスタンスで授業を行っていると、受講生のロールプレイをみて、教員が学ぶことが多いことに気付かされます。教員は、ロールプレイの動画をみながら、「Dさんの得意技は、〇〇だな。ぼくもこんなに上手くできないな」、「Dさんはなんでそんなに上手にできるのかな、その背景にはなにがあるのだろう」などと感じます。そして、教員の立場からコメントする際は、そのような動画をみて感じたことを、そのまま受講生に返します。「いま動画をみて、Dさんは〇〇がとても上手だと感じました。わたしもそんなに上手にはできません」、「なんでDさんはそんなに〇〇が上手なのでしょう。もし思い当たることがあれば教えてください」などと発言します。

このような「教え方」を採用すると、自然と受講生は授業に主体的に参加するようになります。そして、教員と受講生のあいだ、受講生同士、さらには自分自身の内的な思考において、対話が生まれます。そのような主体的・対話的な学びには「正解」が設定されていません。いくら繰り返しても、「正解」にはたどり着けないかもしれません。しかし、「支援」という営みに正面から向かい、深く学ぶことを可能にするように感じます。

このようにみてくると、「教育」とは、教科書的で、標準化された内容をそのまま「教える」ことではないということに気付かされます。そこには、逆説的な言い方ではありますが、「教えない教育」の可能性があるように思えます。

そもそも、〝○○アプローチ〟という体系化された支援方法論や、〝○○クエスチョン〟というように定型的な質問法は、最初から理論や技法があったわけではありません。より良い支援を志向した現場での試行錯誤が先にあり、その実践を説明し、紹介するために、〝あと付け〟で理論化され、技法として名前を与えられたものといえるでしょう。この意味において、支援方法に関する教科書的な知識を、その知識を知っている教員が〝教え〟、その教えを受講生が〝習う〟ことは、「支援」の知識を増やすことになっても、実践力の向上には直接的は結び付かないように思えます。

6 「教えない教育」の可能性

(1) 教えないことによる主体的・対話的な学び

以上を踏まえたうえで、どのようなソーシャルワーク教育が求められるでしょうか。それは本章のタイトルでもあり、文中でもたびたび指摘してきた「教えない教育」です。

近年、いろいろな領域で「教えない教育」の必要性が取り上げられています。それは、「教えるひと」(教員、研修講師)が教壇に立ち、「習うひと」(学生、受講生)がその「教え」を受けるという「教える教育」が限界にきているからといえるでしょう。「教える教育」の限界は、とくに「正解」のないテーマに向き合うときに露呈します。

正解のある問題では、「教えるひと」が正解にたどり着くための「解き方」を教えます。その解き方は、一つではなく複数あるかもしれません。しかし、そこでは、もっとも合理的で解きやすい解き方を修得することがもとめられます。このことは「正解」に最短でたどり着くためには合理的な教え方であり、現代社会においても否定されるべきものではありません。

ところが、すでにみてきたように、「支援」にはクリアカット（明確）な「正解」を設定するのが難しい場合があります。支援者が「良い支援」だと考えて行なった「支援」がクライエントにとってはそうではない場合があるのです。

もしかしたら、「ソーシャルワークに正解がないなんて、とんでもない。わたしたちは科学的な根拠にもとづいて、正解のある〝正しい支援〟を行っている」という主張をするひともいるかもしれません。しかし、それはあまりに独善的です。たしかに、クライエントの状況がよくなるように、正しい助言・指導（アドバイス）をすることもあります。教科書的にいえば、そのような「支援」を行うことがソーシャルワークの仕事です。しかし、クライエントは支援者が提示するそのような「正しさ」にうんざりしているかもしれないと考えることはできないでしょうか[2]。

そこでクローズアップされる教育のあり方が「教えない教育」です。常識的に考えれば、教育とは教えるものです。それにもかかわらず「教えない」という言い方は、矛盾しています。パラドキシカル（逆説的）な表現です。しかし、「教えない教育」でもっとも大切なのは、「教えない」ことではありません。受講生が「主体的に学び、対話すること」を求める点にあります[3]。

(2) 無駄な「余白」が担保するもの

教える側が、「正解」を提示し、その「正解」を学習者が習う、という教育の方法が採用されたのは、実は、比較的最近のことです。多くのひとびとに短期間で技能を習得させるためには、そうした方法はとても合理的だったといえるでしょう。しかし、そのような合理的な教育のあり方は、「正解」のないテーマに向き合うようなソーシャルワークには必ずしも相応しいとはいえません。

このような合理的な教育方法に対峙する非合理的な教育方法の代表格は、徒弟制度といえるでしょう。中世ヨーロッパにおける後継者育成の技能訓練にはじまる徒弟制度は、日本においても江戸時代の丁稚（でっち）や、年季奉公にみることができます。

徒弟制度では、まだ駆け出しの見習いは、本業とは関係のない下働きをすることが求められます。「技は盗むもの」という言葉が象徴するように、「教えるひと」がきちんといて、丁寧に教えてくれることはありません。このような徒弟制度は、「教えない教育」の典型です。

このような徒弟制度は、時代遅れの、とても古臭い教育のあり方のように思われます。近代的な教育システムからみると、徒弟制度は、無駄が多く非合理的な教育のあり方といえるでしょう。徒弟制度には、従属的な師弟関係など問題も多く、現代社会にそのまま適用できるものではありません。

しかし、「正解」のないテーマに向き合うソーシャルワーク教育を考えるうえで、徒弟制度から学ぶこともあるように思います。徒弟制度の特徴は「無駄」が多いことです。人材育成の観点からも、一人前になるまでにあまりにも時間がかかりすぎます。このような特徴は、非合理的なものとして切り捨てられしまいがちです。

ですが、「教えない教育」という立場からいえば、教えないことによって生まれるこの「無駄」にこそ、意味があるように思います。よく考えれば、「正解」を教えてくれる教育には「無駄」がありません。このようなやり方は、一見、合理的ですが、学ぶ人のモチベーションを削いでしまうということはないでしょうか。「正解」が提示されることで、主体的に学ぼうという気持ちが萎えてしまう危険があるのです。

また、「正解」を教える教育は、どうしても一方向的なものになりがちです。教えるひとは、独り言のように「正解」を語ります。それは、独善的で閉塞的なモノローグ（独話）でしかありません。そこには、学ぶひと（教わるひと）との開放的なダイアローグ（対話）はありません。ダイアローグには、教えるひとと学ぶひとの間において、創造的なコミュニケーションが育まれる可能性があります。しかしモノローグは、単なる情報の伝達でしかありません[4]。

ここでいう「無駄」は、教育の「余白」のようなものです。教える側から、いきなり「正解」が提示され、ひたすらその「正解」を習うという学習のあり方は、たしかに無駄がありません。しかし、それはあまりにも窮屈です。そこでは、「正解」を覚えることに精一杯で、そのテーマについてえるための十分な「余白」がないのです。

「教えない教育」は、一見、時間のかかる無駄の多い非合理的な教育のように感じられます。しかし、「教えない」ということは、学ぶひとの余白を担保することに繋がります。「余白」は、学ぶひとのモチベーションを削ぐこと無く、主体的・対話的な学習を促す可能性があります。

7 結びにかえて

かつて、中国の思想家である孟子（もうし）は、「大工などの親方は弟子に規矩（読みは〝きく〟、〝さしがね〟のこと）や定規の使い方を教えることはできるが、弟子の腕前を上達させることはできない」と言いました[5]。この孟子の言葉は、教育の本質をみごとに言い当てた言葉といえるでしょう。「教えること」ができる内容には限界があります。当たり前のことですが、「教育」は万能ではないのです。

教育者にとって、教育に限界があることを認めることには心理的抵抗があるかもしれません。孟子の言葉は、教育の可能性を信じている教えるひとのアイデンティティを脅かす危険があります。教えることの専門性の鎧を脱ぎ捨てるためには、ある種の勇気が必要です。

しかし、ソーシャルワークのような「正解」のないテーマを考えていくうえでは、孟子の言葉は説得力を増します。いくらソーシャルワークにおける「良い支援」のあり方を教えたとしても、支援者の「腕前（スキル）」を上達させることにはなりません。ソーシャルワーク教育は、教えることが万能ではないことを受け入れるところから始める必要があるでしょう。このような教育の限界を受け入れた先にあるものが、この章で論じてきた「教えない教育」です。

教える立場にあるひとが教えないということは、一見、怠慢な態度に映るかもしれません。しかし、「教えない」ということは「何もしない」ということではありません。すでにみてきたように、そこでは学ぶひとが主体的に学ぶことのできる、十分な「余白」を確保することが求められます。教育者の役割は、その「余白」を、より質の高いものにしていくために工夫を凝らすことです。

このような「教えない教育」の方法は、決してラクなものではありません。「教えない」ことをしないで、「教える」ことをしたほうがたが、よほどラクです。質の高い余白を確保するには、「良い支援」に正解がないのと同じで、正解がないのです。教育に参加するすべての人との対話から、試行錯誤しながら少しでも質の高い「余白」を確保することが求められるといえるでしょう。

このような教育のあり方は、一方に「教えるひと」がいて、他方に「教わるひと（学ぶひと）」がいるという教育における一般的な関係性それ自体に懐疑の目を向けます。教えるひとと教わるひとの力関係は、不均衡で、非対称なものです。そこでは、教えるひとが教わるひとになり、教わるひとが教えるひとになるということはありえません。教えるひとは、最初から最後まで絶えず教えるひとであり、教わるひとは最初から最後まで絶えず教わるひとでしかありません。そのような教育は、どれだけ優しく丁寧に教えたとしても、〝上から目線〟なものになってしまいます。

しかし、「教えない教育」は、教えるひとが教わるひとから学ぶことが可能にします。教えるひと／教わるひとという役割は相互に入れ替えることが可能です。「教えない教育」では、教えるひとと教わるひとの力は均衡しており、その関係は対等なものです。この意味において、「教えない教育」は、優れて民主的な教育のあり方といえるでしょう。

この章では、「教えない教育」というパラドキシカルな表現をもちいて、ソーシャルワーク教育のあり方を考えてきました。このことは、従来的な「教える教育」を否定するものではありません。この章で批判的に論じてきた支援の科学化、標準化もある程度は必要です。たしかに、ソーシャルワークを実践していくうえでは、正しい知識を学ぶ必要があります。

しかし、それは専門職としての最低限の学びです。正しい知識を修得している「だけ」では良い支援には繋がりません。より良い支援を志向していくうえでは、「教えない教育」でいわれる質の高い余白を存分に享受し、主体的・対話的に学んでいくことが求められるといえるでしょう。

Key Word

・支援における正解
・教えない教育
・主体的・対話的な学び

[註]

1　この章では、「教えない教育」というパラドキシカルな表現をもちいて、ソーシャルワーク教育について論じています。似たようなパラドキシカルな構造は、ソーシャルワークにおける「支援」それ自体においても確認することができます。「支援すること」により、支援者とクライエントの関係は非対称的なものとなり、クライエントが傷つけられてしまうことがあります。さらには、「支援すること」を通して、「問題」が上塗りされ、強化されてしまうこともあります。そのうえで求められる「支援」のあり方は「支援しない支援」と呼べるものです（荒井 2014）。

2 「正しさ」に〝うんざりしている〟ということは、日本の対人援助の業界に限定されるものではなく、より包括的で世界的な潮流かもしれません。このことは「ポリティカル・コレクトネス（political correctness、日本語略称：ポリコレ）」という言葉で表現できます。ポリティカル・コレクトネスとは、政治的・社会的に公正・公平・中立的なことを意味します。二〇一六年一一月、アメリカ大統領選挙で、（政治的・社会的に）正しいことを言ったヒラリー・クリントンが負け、（政治的・社会的に）正しくないことを言ったドナルド・トランプが勝利しました。選挙後、この結果の分析において、〝ポリコリ疲れ〟が指摘されています。アメリカの地方に住む有権者からすると、ヒラリー的な「正しさ」は、たしかに「正しい」ものですが、息苦しく窮屈なものに感じられたのかもしれません（山本 2016）。

3 この章で論じようとしている「主体的・対話的な学び」は、教育業界全体を巻き込んだ潮流でもあります。たとえば、文部科学省中央教育審議会による学習指導要領改訂に向けての答申では、「主体的・対話的で深い学び」についての言及があります。たとえば、「重要なことは、これまでも重視されてきた各教科等の学習活動が、子供たち一人一人の資質・能力の育成や生涯にわたる学びにつながる、意味のある学びとなるようにしていくことである。そのためには、授業や単元の流れを子供の『主体的・対話的で深い学び』の過程として捉え、子供たちが、習得した概念や思考力等を手段として活用・発揮させながら学習に取り組み、その中で資質・能力の活用と育成が繰り返されるような指導の創意工夫を促していくことが求められる。あわせて、教科等を超えて授業改善の視点を共有することにより、教育課程全体を通じた質の高い学びを実現していくことも期待される」と指摘されています（文部科学省中央教育審議会 2016）。また、大学教育（学士課程教育）に特化していえば、比較的早期から主体的な学びの必要性が「アクティブ・ラーニング」の文脈で論じられています。二〇一二（平成二四）年の答申では、「学生の主体的な学修を促す具体的な教育の在り方は、それぞれの大学の機能や特色、学生の状況等に応じて様々であり得る」としながらも、「学生に授業のための事前の準備（資料の下調べや読書、思考、学生同士のディスカッション、他の専門家等とのコミュニケーション等）、授業の受講（教員の直接指導、その中での教員と学生、学生同士の対話や意思疎通）や事後の展開（授業内容の確認や理解の深化のための探究等）を促す教育上の工夫」等が求められています（文部科学省中央教育審議会 2012）。

4 ダイアローグ（対話）は、新しい支援の方法としても注目を集めています。「オープンダイアローグ（開かれた対話）」では、不確実性に耐え、クライエントとの対話を続けることをとおして、結果として（副産物として）、治療がもたらされるとされています（Seikkula 2002=2015、Seikkula & Arnkil 2006=2016）。

5 この孟子の言葉には、親方が弟子にできることは、知識の紹介に過ぎず、仕事の能力は本人が努力し、主体的に学ぶことでしか得られないという意味が込められています（田中 2006）。

【引用・参考文献】

荒井浩道 2014『ナラティヴ・ソーシャルワーク――〝〈支援〉しない支援〟の方法』新泉社

文部科学省中央教育審議会 2012「新たな未来を築くための大学教育の質的転換に向けて―生涯学び続け、主体的に考える力を育成する大学へ（平成二四年八月）」

文部科学省中央教育審議会 2016「幼稚園、小学校、中学校、高等学校及び特別支援学校の学習指導要領等の

改善及び必要な方策等について（平成二八年一二月）」
Seikkula, J. 2002 Open dialogues with good and poor outcomes for psychotic crises: examples from families with violence, Journal of Marital & Family Therapy, 28（3）, 263-74（=2015、斎藤環訳「精神病的な危機においてオープンダイアローグの成否を分けるもの——家庭内暴力の事例から」斎藤環『オープンダイアローグとは何か』医学書院）
Seikkula, J. & Arnkil, T.E. 2006 Dialogical. Meetings In Social Networks, Karnac Books Ltd.（=2016、高木俊介・岡田愛訳『オープンダイアローグ』日本評論社）
田中万年 2006『職業訓練原理』職業訓練教材研究会
山本一郎 2016「『トランプ大統領』爆誕、〝静かなる田舎者たち〟がアメリカを変えた日」（Y!ニュース https://news.yahoo.co.jp/byline/yamamotoichiro/20161109-00064264/）

CHAPTER 4

ソーシャルワークの多様な「視点」を考える

――立脚点としての「私」と注視点としての「相手」との間を行き来すること

……長沼葉月

1 はじめに

いきなり「視点」を育てる、と大上段に構えたタイトルをつけていますが、この章を書くにあたって私は実はとても気おくれしています。四〇歳を越え、年齢的にはもう若いとは言っていられませんが、ソーシャルワーカーとしての実力も教員や研究者としての実績もまだまだで、中途半端だからです。私自身がまだまだソダチの途上にいる自覚はありますので、学部の社会福祉士養成課程や、社会福祉の専門職大学院での授業を担当している時にも、「育てる」自信は全くありません。どちらかというと、「ソダチ」を分かち合おう、という感覚に近いです。

養成校の教員の立場として今行っている「ソダチ」の支援を考えると、①国家資格の取得のための教育、②ソーシャルワーク実践のための教育、③ソーシャルワークを理解してもらうための教育に分けることができます。本章では②に絞って、私が、学部の授業であるいは専門職大学院の授業で伝えたいと思っていること、あるいは様々な相談援助の現場で、国家資格を持っているかどうかに関わらず「ソーシャルワーカーマインド」をもって対人援助業務に就いている方々に対して、研修などを通じてお伝えしてきたことの一部を、「視点」というキーワードに絞って綴ってみます。

2 ソーシャルワーク実践における「視点」になぜ注目するのか

(1) どうしたら真剣に考えてもらえるのか

私は比較的若いうち、まだ三〇歳にもならないうちに、最初は「助手」の立場として、大学に就職し、そのまま教育職に就きました。授業を担当するようになってから悩みの種になったのが、実践にまつわる曖昧でいて大切な言葉の数々でした。例えば「受容」「共感」「寄り添う」「見守る」などの言葉です。「受容」や「共感」はソーシャルワーク実践の土台や基礎に据えられる重要な概念です。「寄り添う」や「見守る」も、こうとしか呼びようのない行為が多々あります。ただ、これらの言葉を授業で伝えると、皆一様に分かったような顔をして、そのまま鵜呑みにしてしまいます。それが悩みでした。

これらの概念を「教える」必要があるのは、人はそう簡単に「受容」したり「共感」したりすることができないからです。ちょうどいい塩梅で「寄り添」ったり「見守」ったりすることも難しく、やりすぎたりやらなすぎたりしがちだからです。でも、「受容が大切」等と言ったところで、あまりに当たり前すぎて重みをもってこの言葉を受け取ってもらえません。どうしたらいいのでしょう。

(2) 専門職教育から気づかされたこと――単に技法を訓練すればよいわけではない

これらの抽象的な言葉を技術に変換して訓練してみたらどうでしょう。私は専門職大学院で「面接技法」を担当しており、ソーシャルワーク現場で働く人たちに「技法」の訓練の機会を提供してみました。その際に活用したのは「マイクロカウンセリング理論」です。これは、「カウンセリングの基本モデル」であり、「マイクロという言葉に表われているように、コミュニケーションの形をひとつひとつ技法と命名し、目に見える形で習得できるように」[1]作られたものです。特に「基本的な傾聴の技法」と位置付けられている技法群は、対人援助のあらゆる領域で使える汎用技術です。とはいえ、授業内では最小単位に区切られた面接技法を一つ一つ丁寧に訓練する時間はありません。そこで私は技法を練習するワークの条件設定にいくつかの工夫を加えました。その上で「相手の言葉だけを使って話を聴く」「まず相手に正論をぶつける話し方と、まず相手に共感をする話し方を比べる」等と技法に焦点化したワークを行うことで、「この技法にはどのようなメリットがあるのか」を実感してもらえるようにしました。何年も受講者の反応を聴きながら、ワークの提示方法も改良を重ねてきました。

これらの技法は現場で応用されスキルアップにつながったでしょうか。授業で体験したワークをご自身の業務と照らし合わせながら応用場面を考えてくださり、授業期間中に実践しながら効果をご報告くださる方は多くいました。しかし現場経験の浅い人や、現場に対するこだわりの強い人の中には「これらの技法は大事だとは分かったけれど、自分が実際にやっているイメージがわかない」と言われる方もありました。

自治体や福祉施設等で現任者研修の講師としてお招きいただく際にも、同じような実感を持ちました。体験ワークを交えて技法を紹介しても、受講して下さる側がどんな視点をもって話の内容を受け止めてくださっているのかによって反応が大きく異なるのです。単に技法なのではなく、技法をなぜ使うのか、どのように使うのか、使ったらどうなるのか、を分かち合う場を設けることが重要なのだと気づきました。

(3) 経験もなく年若い学部生を対象とした教育で何ができるのか

では学部生を相手にした場合にはどうでしょうか。ある年、学部生の山角直史さんが「社会福祉士」の教育は生活保護ケースワーカーの業務に役に立っているのだろうか、という卒業研究を企画しました。山角さんは六名の生活保護ケースワーカーに対する面接調査を行いましたが、うち四名が社会福祉士資格取得者で、大学で社会福祉学を専攻していたのは三名でした。山角さんは生活保護ケースワーカーの相談援助技術のうち「受容・傾聴」と「説明と同意」に注目し、それらの技術に影響を与えたものを検討しました。その結果、まず「受容・傾聴」の技術に影響するのは、「考え方」「援助技術の知識」「実践経験」であると指摘しました。ここでいう「考え方」とは受容や傾聴の価値について理解し実践しようとする基本姿勢のことで、「実践経験」とは対人業務経験です。親や友人からの影響を受けたり、大学でその価値を考えたり、職場の研修がきっかけとなって、受容・共感を軸にした「考え方」が形成されるそうです。また大学等で技術を学んだり相談援助実習でモデルとなる人と出会えたりしたこと、就職後に職場の先輩や研修から学んだことが「援助技術の知識」を形成していました。さらに、相談援助実習への参加や、アルバイトやサークル、前職等の経験の蓄積という「実践経験」が受容・傾聴の技術の実践に役立っていたそうです。

山角さんがもう一つ注目した「説明と同意」の技術についてはどうでしょうか。これには、「法制度の知識」「説明の方法」「実践経験」が影響するそうです。「法制度の知識」を高めるためには、社会福祉士国家試験の勉強や大学での講義がそれなりに役立つようですが、生活保護ケースワーク業務に即して理解し直すためには就職後の研修や業務経験の蓄積が不可欠とのことです。さらに「説明の方法」の技術は、職務について様々な利用者に対応していく中で先輩をモデルにして学ぶ面が多いとのことでした。「実践経験」でもアルバイトやサークル、前職でいろいろな人と出会っていたことや現在の業務経験の蓄積の影響を挙げる人が多かったそうです。

つまり大学等で身に着けやすい「知識」はわずかで、相談援助技術の多くの部分は、アルバイトやサークルや前職での経験や職場での研修、職場の先輩のモデル、業務経験の積み重ねに依存しているようです。とはいえ特に対人援助の基本である「相手を受け容れ、傾聴する」という「考え方」については大学で学んだことが役立ちうるというのです。彼の研究を読んでいて、ふと数年前の卒業生の言葉が耳によみがえりました。私は率直に、授業で色々工夫して伝えていたことが、現場に出て役に立った？　と尋ねてみました。しばらく思案した卒業生は「授業でも習っていたとは思うけれど、ただ、実際に利用者さんを担当していると責任感が全然違って、社会人一年目の私でも、今の私の対応がこの目の前にいる人の人生に大きく影響するんだ、っていうことが実感できるんです。だから、ほんとうに一言一言どう伝わっているのかと相手の反応を見ながら考えてしまいます。そういう責任感が在学中にはなかったです。いまは責任があるから、物事の学び方とか受け止め方とかが違ってきているような気がします」と教えてくれました。

山角さんの研究や卒業生の話から、改めて学部教育でできることの範囲について考えさせられました。知識は伝えられてもごくわずかで、重要なのは「考え方」でしょう。ジレンマに満ちて答えのない実践現場に身を置き、かつその場に対する責任を担わされたときに、自分は何を見て、どう考え、どう行動するのか。その考えや行動を選ぶに際して、何を大切にして、何にこだわっているのか。そうしたソーシャルワーカーとしての価値観を、実践技法と結び付けて考える作業の基礎だけでも、学生時代に体験してもらいたい、そう考えるようになりました。

（4）立脚点と注視点――「視点」を構成する二つの点

以上のことから、ソーシャルワーカーとしてのソダチを支えるためには、「自分が実践している場面を具体的にイメージする」ように促しながら、その時何を考え、どのような価値に従って行動するのか、ということを考える機会を提供するのが良いと考えました。

そこで、本稿では「ソーシャルワークの視点」という切り口でその一部をご紹介したいと思っています。本稿で「視点」に絞ったのには理由があります。一つ目の理由は、「技術や技法」と「考え方や価値観」との間を埋めるものを取り上げたかったからです。「相手の目を適度に見てうなずきながら傾聴する」という技法は、本来は「利用者主体の姿勢で関わる」という価値を実践しようとしていれば、自然にふるまえるもののはずです。しかし、「利用者主体」をただそらんじていても、ほんとうに目の前の相手を尊重した傾聴姿勢をとれるとは限りません。価値と技法をつなぐものとして、個々の状況の下で「何を見て、どう考えて、どう行動するか」という部分があると思われました。これらのうち、はじめに来るのが「状況をどう見るか」です。つまり実践行為はいわば「見て」、状況を理解しようとするところから始まると言えます。そこで、まずは「見る」ことを取り上げようとおもいました。

もう一つの理由は、「視点」には二つの点が含まれているからです。『あなたはソーシャルワーク実践においてどのような「視点」を持っていますか』と問われたら、どう考えますか。多くの方は、「自分はソーシャルワーク実践において対象をどのように見ているか」と考えるでしょう。つまり「視点」という言葉には「見るもの」としての「わたし」と「見られるもの」としての「対象」の存在がセットになっています。とある国語辞典では視点という言葉の定義として「1 視線の注がれるところ　2 物事を見たり考えたりする立場。観点。3 透視図法で、画像と直角に交わる仮定の一点。対象を眺める位置」の三つが挙げられています。三番目の絵画用語を除くと、視線の注がれる対象となる「注視点」と視点を注ぐ元や基点となる「立脚点」の二つの意味合いがあることがわかるでしょう。ソーシャルワークは「人と環境の接点」に働きかける実践ですから、人と人や物事とがどのような関係性を形成しているのかを常に考慮する必要があります。そういう意味でも、環境から切り離して「対象」だけを考えるのではなく、「立脚点」と「注視点」をセットにしながら、「見る」ということを問い直すことは有用だと思います。少なくとも、本章の中ではソーシャルワーカーである「わたし」が「相手」に「どのような」まなざしを向けているのか、という関係性を包含して考えてみます。

3 ソーシャルワーク実践における多様な「視点」とはどのようなものか

（1）「私はあなたじゃありませんから」――とある経験から

まだ私が二〇代半ばの頃のことです。私設相談機関の「相談員」をしていた時に、とある礼儀正しく気立ての良い女子大生と出会いました。彼女は精神障害のある親御さんとの関係で悩んでおり、学業と家族を支えることと自分自身を支えることの狭間で苦しんでいました。私は、とても共感してしまったんです。わかる！（わかるよ！）、私の親もちゃんと受診しておらず（あなたの親もそうなのね！）、でも症状や振り回し行動などは共通していて（きっと同じ診断だよね！）、長女として色々頼りにされてしまい（応えないと罪悪感わくしね）、でも学生の立場でできることには限界があって（四六時中一緒にいるわけにもいかないしね）、でも親の気に入らないことがあると真っ先に怒りをぶつけられるのも私で（しっかりしていると何を言ってもいいって思ってるのかしらね）といった具合です。自分の体験から自然な「共感」がバリバリと湧いて出てきてしまったんです。二人で「わかる、わかる！」と共有しました。そして私から、良く生きてきたよね、頑張ってきたよね、とねぎらい、これまでどんなふうに対処したり自分の身を守ったりしてきたのか、と問いかけました。初回面談の終わりには彼女は大変満足した表情で帰っていきました。二回目も同じような形で気持ちよく話し合いは進みました。私は役に立てて良かった！　という気持ちでいました。

そうして第三回目の面談日がきました。この日には「これまでどうだったか」ではなく、「これから学業をどうするか」ということを中心に話が進みました。彼女の大学の専攻分野やカリキュラムは私とは違うものであったにもかかわらず、私はそれまで同様の話し方をしていました。つまり、自然に沸き上がる「共感」に身を任せて、自分の体験談を重ね合わせたりしながら「きっと大丈夫」「こういう人に出会えるかもしれないよ」と未来の希望を伝えようとしていました。でも、彼女の反応はなんだかかみ合っていませんでした。やがて面談の後半になって、彼女は少し寂し気な目をして言いました。

「でも……私はあなたじゃありませんから」

その言葉は、いい気になっていた私の頭に冷や水を浴びせかけるには十分なものでした。彼女は相変わらず礼儀正しく気立ての良いままで、私は自分の驕りを謝罪し、きちんと彼女の話に向き合うようにしました。でも、二人の間にできた溝は埋まらないまま。結局彼女は「大丈夫です、ヒントは沢山もらいましたから」と言って、その日で相談は終了になってしまいました。

やってしまった。私は、いつの間にか「自分」に夢中になっていた。「彼女」が見えなくなっていた。成功者のように偉そうに話して。「彼女」がどんな気持ちで「私」の言葉を受け止めていたのか、気が付いていなかった。恥ずかしい。穴があったら入りたい。しばらくは彼女に対して大変申し訳なく、振り返るたびに恥ずかしくなりました。でも、「私とあなたは違う」ということを率直に教えてくれて、ほんとうにありがたかった、と今でも思います。

このときは、私は立脚点としての「自分」に夢中になって、注視点である「彼女」をちゃんと見ていなかったのですね。だから彼女が垣間見せていた違和感に、気づくことができませんでした。あとで記録を振り返ってみると二回目の時点から既にその違和感が芽生えていたようにも思えました。もっと早く彼女の変化に気づくことができていたら。「私」が「共感」したつもりでいたけれど、それは「彼女」にとってはあくまで「相談員の体験」であって「彼女の体験に対する共感」ではないのだと気づくことができていたら。せめて私のほうから「私の場合とあなたは違うと思うのだけれども、あなたの場合はどうですか」と問いかけていたなら。彼女に指摘される前に「あなたのことがちゃんと見えていなかった」と謝ることができていたなら。いま振り返っても沢山の後悔が残ります。

(2) 個別支援のときに考慮したい視点とは

私が、上記のような様々な苦い経験から個別支援の際にはどのような点を考慮しておきたいと考えるようになったのか挙げてみたいと思います。

まずは注視点としてのクライエント[2]を「知ろうとする」視点があります。この基本的な考え方については、本書の別の章で本多さんがLifeという言葉で説明されているので参照して下さい。ここでは、顔を合わせた面談場面に固有のクライエントの「知り方」について触れておきたいと思います。それは、同じ空間に体を置いているからこそできる「知り方」です。例えば体温（顔色などに表れます）、声のトーン（音の響きと姿勢で把握されます）、呼吸の感じ（お腹や肩の柔らかさに表れます）、表情、目の動きや体の動かし方といった身体からのメッセージは、数々の感情を反映しています。クライエントの姿勢や声の出し方等の波長に自分の体を合わせてみることで、クライエントの「緊張」や「くつろぎ」「譲れないところ」「恐怖」「混乱」と言った感覚が伝わってくるでしょう[3]。こうした感情はいつもたやすく表現できるわけではないのです。クライエントの様子をよく見て、自分の体になぞらえてみることで、言葉にできないでいる感情を類推するヒントになるのです。そして、こうした波長合わせの作業をしていると自ずから「立脚点」としての自分に気づかざるを得なくなってくるでしょう。

「立脚点」である自分が、どうしても「注視点」であるクライエントの考えや価値観が理解できなかったり、受け入れがたかったりすると、自分の体で波長を合わせることが難しくなっていきます。これは援助関係を損なう警報のようなものです。この警報に気づかないと、自分の価値観をクライエントに押し付けようとしてしまいます。例えば「働きたいと思ってもらわないといけない」、「パチンコ依存になってはまずいから早くやめさせなければならない」等と考えてしまうのです。自分があたかも「正義の執行官」のような気分で、道を踏み外そうとしているクライエントに「正しい道を教えよう」と説得しようとしてしまいます。そういう説得は大抵無意味で役に立たないどころか、クライエントがワーカー嫌いになり、支援から遠ざかると言った大きな害が生じることすらあります。

「立脚点」としての自分が、「注視点」であるクライエントに寄せている価値観が共感的なものであれば、体の波長合わせはたやすいかもしれません。このような関係は望ましいものですが、自分の思うように支援が展開しないときは要注意です。思うようにいかないと「落胆」するばかりか、思い通りにならない他機関の関係者に「怒り」をぶつけてしまうことがあるからです。クライエントの権利擁護のために闘っているんだ！と拳を振りかざしたところで、物事がこじれてしまっては誰の役にも立ちません。一呼吸おいて「立脚点」である自分の感情を点検し、クライエントの利益のために何が必要かを考える冷静さは必要です。

「立脚点」としての自分に気づくためには、「注視点」である他者をよく見続けていることが不可欠です。二人で向き合っているとき、相手の反応を引き起こしているのは自分自身だからです。「相手の目の中に映る自分に気づくように」と心がけるほかありません。自分の発言や態度に対する相手の反応に注意深くなれれば、相手の反応から自分の発言を修正することができます。やがて自分の言葉は相手の耳にどう聞こえるか、どう解釈されるかをあらかじめ予測しながら、言葉を選ぶことができるようになるでしょう。やがて「自分が何を言うか、言ったか」ではなく「相手にどう聞こえるだろうか」と考えることができるようになってくるでしょう。

立脚点としての自分と注視点であるクライエントとの間で柔軟に視点を行き来させることができるなら、ソーシャルワーカーとしての働きかけの糸口が無数に広がっていることに気づけるかもしれません。社会構成主義的アプローチの一つである、コラボレイティヴ・アプローチでは「無知の姿勢（Not Knowing）」という考え方があります。クライエントに接するときの態度として、自分が「知らない」ということを謙虚に認め、常に「無知」というところから相手の話に耳を傾けて、話し合いを形作っていくことを重視する考え方のことです。クライエントを早い段階で包括的に理解しようとする考え方とは真逆の姿勢です。知り合って数日であろうと何年たっていようと、分かりあった感じがあろうとなかろうと、どんなクライエントにも「まだ語られていないもの」があり、そのことを私は知らないのだ、という態度にとどまる覚悟が求められます。冒頭にあげた若き日の私の失敗談は、まさにこの「無知の姿勢」を外れたがゆえに起こったことでした。どんな人とであれ、〈まだ語られていないこと〉を探しながら対話を続けることで、常に新しい働きかけの糸口を見つけられるのです。

（3）家族支援において考慮したい視点とは

こまごまと個別支援の話を取り上げましたが、心の中の奥深くを探るということではありません。一人の人を理解しようとすれば、多角的な視点が必要になるということです。この視点を家族支援に当てはめてみたらどうでしょう。

日本の福祉制度には、障害者については親を主介護者と想定した、高齢者については子を主介護者と想定した家族扶養制度が前提として組み込まれています。家族の情緒的な結びつきや経済的な結びつきもあり、介護者がどのような思いを抱いているにせよ簡単に家族を切り離すことはできません。結果的に家族は、（やむなくにせよ、積極的にせよ）クライエントにとって最も身近な「介護者」役を担っていることが多いです。そのためソーシャルワーカーは、こうした前提について特に疑問視することがありません。家族がいない独居の高齢障害者には福祉制度をフル活用して支援にあたりますが、家族がいる場合にはまずは介護のために家族の協力をどう得ようかと考えるでしょう。つまり、支援者にとって家族は「介護者」としての役割から出会うのです。しかし、同時に家族は一人ひとりが自身の生活を営む「生活者」でもあります。

最近は「ヤングケアラー」や「ダブルケア」が注目を集めるようになりました。「ヤングケアラー」とは未成年の頃から、親や祖父母世代のケアを担ってきた子どもたちのことです。障害や疾病のある親と共に暮らす子どもは、親の症状が悪化した時にはしばしばケア役割を担いますし、家族の家事を切り盛りしなければならなくなるでしょう。忙しく家計を支える親世代に代わって、祖父母世代の介護を担当している子どももいます。ケアに追われてしまうと、学業に取り組んだり、友人関係を築いたり、将来の進路に備えるといった「子ども」の権利がしばしば疎かにされがちです。先の事例で挙げたクライエントも、ヤングケアラーでした。彼女がもっと幼い頃から適切な支援を受けていたなら、そもそも親との関係で苦しむ必要はなかったかもしれません。「ダブルケア」とは育児と介護を同時に担うことです。晩婚化により育児開始年齢が上がったことで、育児と介護を同時に担わなければならない期間が出てくるようになりました。私自身も高齢出産をして遅まきながらようやく育児を始めましたが、既に親の介護問題は始まっております。これらのヤングケアラーやダブルケアに追われている家族に対し、支援者が「介護者」としての役割だけを求めてしまうと、「生活者」としての部分が損なわれた家族には大きなしわ寄せが生じてしまいます。介護放棄や育児放棄の問題が発生したり、介護者が心身共に疲弊して病気を抱えやすくなったり、経済的困窮に追い込まれて家族全体の生活が破たんしてしまったり、といった様々な問題が発生しやすくなります。

ソーシャルワーカーは、「本人以外」の人の生活や人権を軽視することがあってはならないはずです。家族の一人ひとりに対しても「生活者」としての側面に視点を注ぐ必要があるでしょう。

この人は介護に協力できるかできないか、という軸でだけ状況を判断するのとは違うのです。視点を転換して、家族を一人の「生活者」としてみるならば、〈まだ語られていないもの〉があることに気づけるでしょう。「生活者」としての家族と知り合いになれば、介護とは関係ないことも含めて家族が何をどのように心配しているのかを聴かせていただけるかもしれません。それらの心配事が大きな問題につながる前にサポートできれば、問題が深刻化するのを防げるかもしれません。長い目で見れば、そのほうがはるかに「本人への支援の質の向上」を図ることができるでしょう。

(4) 多機関連携において考慮したい視点とは

多機関連携[4]の場合には、どうでしょうか。多機関連携の課題というと、他の機関の職員が思うように動いてくれない、という困りごとをしばしば耳にします。例えば不適切な養育が生じている家庭に関わる場合では、生活保護ケースワーカーが「どうして児童相談所は今すぐ子どもの保護をしてくれないんだ」、学校の先生が「どうして福祉は家庭訪問をすぐにしてくれないんだ」、児童相談所が「市町村の役割をきちんと果たしてほしい」等と訴えるのです。こうした困りごとにも視点の固定化が関わっています。自分の機関の立場を立脚点とし、困難を抱えた家庭を注視点とする見方が固定化してしまっており、他の機関も「自分達と同じようにその家庭を支援すべきだ」と思い込んでしまっているのです。連携を円滑に行っていくためには、他の機関やその職員に対しても〈まだ語られていないもの〉を探して言葉にしていこうと多様な視点を向けていくことが有用です。

連携のうまいソーシャルワーカーは、注視点を関係機関へ動かし、いまのケースへの支援に際して関係機関のそれぞれがどのような機関で、どのような役割を担うことができるのか、〈まだわかっていないこと〉を知ろうとするところから始めます。上記の例でいえば、「児童相談所は子どもを保護する機関だ」等という、大雑把なわかったつもりでは役立ちません。このクライエント家族に対して「どういう状況でどういう条件なら介入してもらえるのか、逆に何はできないのか」などと詳細の視点から知ろうとするのです。同時に〈まだ話していないこと〉を振り返ることも必要です。つまり立脚点を他機関においたつもりになり、自分の所属機関における役割を、相手が具体的に把握できるように伝えているか点検します。それぞれの機関の詳細な動き方を分かち合うことで、「それぞれの機関でやろうとしていることを整理していくと、支援の漏れや隙間がないだろうか。隙間を埋めるためには誰に何ができるだろうか」と考えていくことができるようになります。お互いの機関の今後の動き方を具体的に共有してから、そこに至るまでのプロセスを話し合ったり、支援の隙間を埋める方法を考えたりすることで、「どうしてやってくれないのか」と不満を抱きながらも何もしないでいるような支援の停滞を防ぐことができます。

多機関連携の際にもう一つ考えなくてはいけないのは、支援者もまた「一人の人」であるということです。「役割上やるべき」ということと「無事に遂行できる」こととは別問題です。支援者が様々な理由で「うまくいかないかもしれない」という不安を抱えながらも、それを押し殺しているなら様々なひずみが生じ、連携に亀裂が入るかもしれません。「自分」の不安に気づき、他の支援者に相談できますか。「他の支援者」の不安に気づき、その解消に一緒に取り組むことができますか。私の事情を分かってほしい、と願うのであれば、同じように相手の事情を分かろうと努めることでしょう。

以前、こんな場面に出くわしたことがあります。特別な配慮を要する児童への対応について、担任教諭や養護教諭、校長やスクールカウンセラーと協議していました。児童への対応については現実的な見通しが見えてきていましたが、話が進んでいくにつれ担任や校長の顔色がだんだん重くなっていきました。どうしたらいいのでしょう、議事を進行していた私に不安が募りました。そこで「私は、何か見落としているのではないかと不安なのですが、というのも○○先生が真剣な顔で何か考えていらっしゃるように見えるんです。良かったら先生が今気にしていらっしゃることについて、教えてください」と、自分の不安を開示し、発言を求めました。そうしたら担任はご自身の不安を開示してくださったんです。「この児童への特別な配慮をさらに工夫するのは、分かります。私が頑張ればいいことですから、しっかりやります。でも学級の他の生徒への対応が、この子への対応のために手薄になっているんです。我慢を強いているかもしれません。それが心苦しく申し訳ないんです」。この担任の一言のおかげで、学級全体をどう支えるか、学校全体として何が出来るかと話し合いを広げることができました。これがなければ担任に多大な負担を負わせたまま打ち合わせを終えてしまうところでした。このように関係する支援者のそれぞれが「私の不安」を率直に、謙虚に口にすることができるなら、現実的に今後の見通しを話し合い、「差し当たって[5]いまはどうやって補い合おうか」と話し合える機会が開かれるでしょう。

ソーシャルワークにおいて欠かせない家族支援や多機関調整を円滑に行おうとするならば、〈まだ語られていないもの〉を少しでも言葉にして分かち合うように、いくつもの視点を「行ったり来たり」しながら話し合いを重ねていくことが不可欠なのです。「私と同じ視点を共有してくれない」から「連携できない」などと思ってしまうと、容易に対立構造にはまります。いったん対立してしまうと、お互いのプライドや感情などから「相手をぎゃふんと言わせたい／相手と関わりたくない」という気持ちが沸き起こってしまい、結果的に誰にとってもメリットのない無用な混乱や支援の長期化につながってしまうかもしれません。それは大変残念なことです。「視点」の行き来ができれば、「注視点」としての相手を多様に理解しようととどまり続けるとともに、「立脚点」である自分の不安を謙虚に表明し、本人だけではなく家族や他機関の関係者とも共感を分かち合い、円滑なかかわりができるようになるでしょう[6]。

4 ソーシャルワーク学部教育において「視点」を育てるには

さてここまで、ソーシャルワーカーとして身に着けたい「視点」の多様さについて説明してきました。ここからは、これらの「視点」を少しでも考えてもらうために、私が授業で現在行っている工夫をご紹介したいと思います。

(1) 自分自身の価値観に気づいて、それを他者に分かち合う言葉に表現する

私が最初に心がけているのは、ソーシャルワーク実践において「正解」はなく、その場の状況の中で何かを見て、葛藤しながら一つの選択肢を選んでいくしかないことを体感してもらうことです。

例えばこんな事例を出します。「あなたは災害支援ボランティアとして被災地に赴き、配食サービスを手伝っていました。そこへホームレスの人が来て『自分にも食べ物を分けてほしい』と言いました。今日の食事はまだ余っていますが、いつも足りているとは限りません。さて、あなたはどうしますか」[7]。「被災者じゃないから断る」「余っているからあげる」「ホームレス支

援団体にまで案内していく」等と選択肢を提示し、自分の考えに最も近いのはどれか、なぜそれを選んだのか、その選択肢を選んだ結果どうなるのか、についてグループ内で話し合います。状況について想像力を働かせていくと、どの選択肢を選んでも、どこか不全感や複雑な気持ちが残ることが実感されます。そこでソーシャルワーカーは「救世主」にはなれず、特定の状況の中で最大限の努力を払い、複雑な思いを抱く人に説明を重ねることしかできないと解説します。

取り上げる事例は現実に起きた事件などから複雑な議論を呼ぶものを選びます。そのため、考えれば考えるほど数々の〈まだ話し合われていないもの〉が浮かび上がってきます。このような授業を何度も繰り返すと、初めのうちは多くの学生は「色々考えさせられるのに、はっきりした正解がないから、もやもやしてしんどい」と感想を述べます。そのしんどさには大いに共感しつつ、「不確実さへの耐性」[8]を身に着けてほしいとお願いしています。そのうちに、「特定の状況」をきちんと把握するための多角的な情報収集の重要性や、自分が重視している価値観について意識していく学生が増えていきます。感受性が高かったり、他者の痛みへの想像力が鋭かったりする学生の中には、実践現場に身を置いた際の感情的な動揺を予測して、ソーシャルワーカー希望を取り下げる人も出てしまいます。ソーシャルワーカー養成課程に残る学生は現場では複雑な状況に直面するということをあらかじめ覚悟してくれるので、自分や他人の価値観を考えるようになったり、ジレンマ状況がどのように発生しやすいのかを勉強したり、倫理指針の意味や役割について考えたりし始めてくれます。

（2）実習体験をもとに視点の行き来を行う

大学の授業だけではどうしても提供できないのが実習現場での様々な体験です。とはいえ実習先での経験は、ともすると「講義」に始まり、「見学」や「同席」、ソーシャルワーカーとの「同行」が多いのが実情です。そうすると学生はあくまで「外側」から来た実習生として、場面を見学し、観察するにとどまります。冒頭で卒業生が述べたような「自分が担当している利用者さんへの責任感」を感じることはありません。なので、あくまで「利用者 - 支援者関係」の外側から、自分が観察した事象を解釈してみるのが精いっぱいです。外側にいる「実習生」の視点から考えられた説明はなるほどよく出来ているのですが、あくまで「他人事」だからできる範疇のものです。

少しでも「自分事」の体験にしてもらうために、工夫しているのは三点です。一つは「支援計画書」の作成です。一人の利用者を担当させてもらい、個人面談を行ってアセスメントし、支援計画書を作ることです。このような形式が難しい場合には、陪席させていただいた面接に基づいてアセスメント票を書いたり、ケース経過記録に基づいて事例検討を行い、現時点での支援計画書にまとめたりすることで代用しています。いずれにせよ、このように「アセスメント票にまとめる」「支援計画書を作る」と言った作業を通じて、実習生なりに個別のケースと向き合い、〈自分の頭を使って利用者を理解する〉〈理解した内容を他者に共有できる文書にまとめる〉という練習をしてもらっています。この作業を通じて「自分が担当するなら」という責任感にいくばくかは近づけているようです。特に、個人面談を担当すると、「どのような問いかけを行うか」で相手が語る情報の質が大きく変化し、「どう聴いて」「相手の言葉をどう解釈するか」で情報整理の仕方が変わってくることを実感するようで、改めて単にぼんやり傾聴するのではなく、一定の視点に沿って関わろうとするようになってくれます。そして、実習生がどれほど一生懸命アセスメントや支援計画作りに取り組んでも、実習指導者からは、〈まだ語られていないもの〉がある、つまり見落とされていて言語化されていないものがあると指摘されます。悔しがりながらも、そこからさらに学ぼうとする実習生の姿勢は頼もしいです。

　さて、少しでも「自分事」にしてもらうための二つ目の工夫は、実習を通じて直面した「自分」のフラストレーション体験を素材として分析することです。利用者とのやり取りで思うようにふるまえなかったときの話でも、実習指導者の対応に傷ついたり怒りを感じたり、そもそも関われなかったりした時の話でも構いません。その場面についてプロセスレコード[9]を書いてもらいます[10]。最初に実習生の行為と相手の行為について一連の流れを書きだします。その上で、まず自分の行為について、何を観察しどう考えどうしてそう行動したのかを加筆していきます。

次に、相手の行為についても同様に、何を観察しどう考えてそう行動したのかを想像して書き込んでいきます。場面を細かく区切ったツールを使うことで、〈まだ語られていないもの〉がより明確になり、相手のことを想像しやすくなります。また自分は見ることのできない自分の表情や雰囲気について考える機会にもなります。グループワークの中で行うと、他の学生の想像力が本人の想像力を補ってくれ、理解が深まります。状況を自分の中から取り出して、じっくり眺めることで自分自身のフラストレーションそのものからも距離がとれるようになり、笑い飛ばしたり安全に振り返ったりはできるようになります[11]。

三つ目の工夫は、実習中の個別指導の活用です。失敗したり、辛かったり、恥をかいたと思ってひどく落ち込んだ後などが大切です。学生は自分自身の強い感情に圧倒され、違う視点で状況を振り返り、語り直すことが難しくなっています。そこでまずは「何があったのか」を本人の主観に沿って丁寧に聴きます。そして、その落ち込む体験の直後に、どうやって対処したのか、その後どうやってしのいできたのかについて尋ねてみます。「圧倒的な強い感情」に集中している視点を、その時の自分の「対処行動」に移してみるよう促すのです。問われて初めて、実習生なりの対処行動を振り返って発見することで、改めて「自分」を「注視点」に据え直すことができます。その段階に至ると、改めて相談援助理論を当てはめて状況を見直してみたり、関係者一人ひとりの立場に立って省察したりすることができるようになります。こうしたプロセスを通じて、大学で学んでいた理論実際に役立つものだ、と得心する学生がいます。また困難の最中にいると「助けを求める」ことが難しいのだ、と実感できる学生もいます。〈まだ語られていないもの〉に対して視点が動くと、状況の見え方が変わるのです。その結果対応の仕方も変わっていきますし、今後同様の状況に直面した際には、感情にただ呑み込まれるのではなく、違う形で対応できるという期待も芽生えてきます。なお、実習事後指導ではこの「失敗／落ち込み体験」を「学びの体験」に転じていくプロセスを他の学生と共有してくれる学生が多いです。他の学生の失敗した話やしんどかった話は想像しやすいようで、学びを共有しながら考える良い機会になっていると思います。

ソーシャルワーカーとしてのソダチには実際には果てがありません。「相手の立場に立って物事を考える」「自分の話が相手に届いているか、確認しながら話す」という、言い古された言葉さえ、実践するのは実は相当難しいことだからです。だからこそ、学部生教育の段階においては、視点を移動することの重要性と有用性に気づくこと、そしてそれを実践の中で絶えず学び続けようとする姿勢だけでも、身に着けてもらえれば何よりありがたいと思っています。

5 まとめに変えて

ここまで、私がソーシャルワーカーとして身に着けたいと思っている「視点」について詳しく説明してきました。そして少しでもそれを学生に伝えるために工夫している点について、紹介してみました。正直なところ、書きながら「自分自身できていないくせに」と反省の弁が次々湧き上がっているのが実情です。自分の未熟さゆえに、家族や沢山のクライエントさんの想いを踏みにじったり傷つけたりして、結果的に支援が行き届かず停滞したこともあったと思います。少しでも上手な、役に立つソーシャルワーカーになりたい。その願いを込めて、理想の形を書いてみました。

私はソーシャルワーク実践の理論を、また私自身の生き方を考える指針としても、社会構成主義という考え方に拠っています。それは、「自分が物事をどう言葉にするかで、現実状況のとらえ方は変わる。現実状況のとらえ方によって、対応の仕方も変わる。対応の仕方が変わることで、その後に生じる物事には変化が生じる。つまり、自分が物事をどう言葉にするかが、その後の状況や現実を創りだす力を持っている」と考えることです。この考え方に基づくと、「正しいソーシャルワーク実践の在り方」を特定することはできなくなります。例えば、犯罪被害者の側に立てば、加害者のことは許せないという被害者の感情を支えるのは正当なことです。しかし加害者の更生支援を担当するなら、更生を努力する人に対する社会の許しを求めていくことも正当なことです。結局のところ、自分はどのような立場で対人援助を行っていくのかをしっかり考えながら（＝つまり自分の中でいろいろと言葉に変えながら）、自分を取り巻く人々との関係性の中で（＝つまり自分とクライエントや他の支援者等との間で言葉のやり取りをしながら）、実践を作り出していくことしかできません。

このようにソーシャルワーク実践の在り方は状況に依存するとみなすなら、何を教えることができるのでしょうか。「正しいソーシャルワーク」を教えることはできなくても、状況をどのようにとらえるか、その「視点」の多様さを伝えることはできます。すべての視点を教育することはできなくても、「多様なものの見方」があり、人が一人増えるだけで物の見え方は一つ増えるという事実を伝えることはできます。様々なものの見方を考えたうえで、そこから何を学び何を感じ取るかは、学生一人ひとりによって違うでしょう。授業でこの多様性を生かした話し合いはできます。多様な声をそれぞれ並列に尊重することで、学生自身が「自分はソーシャルワーク実践をどう考えるか」「自分は何を大事にしたいと思っているのか」「自分はどのようなものの見方をしがちなのか」等の問いに、自分なりの答えを見出してほしい、と思っています。そうすることで、学生の中に「ソーシャルワーク実践の在り方」を考える基盤が整うと考えているからです。ソーシャルワーカーの「視点」の多様さを弁えているなら、実際に働く現場の中で、「クライエントを取り巻く状況は、ソーシャルワーカーである自分にはどう見えるか、クライエント自身はどう見ているだろうか、これまではどうだったのだろうか、これからはどうなると予測できるだろうか」等と〈まだ語られていないもの〉のことを考えることができます。そしてクライエントや関係者に問いかけをして対話を続けることができます。クライエントとの対話の中で多様なビジョンを分かち合えると、それだけクライエントにとっても、支援者であるソーシャルワーカーにとっても選択肢が広がっていくのです。支援がうまくいかない状況に直面した時にも、「まだ支援関係において語られていないものが何かある」と考えることができれば、次の問いと対話が始まり、また対処することが可能になります。豊かな視点を行き来しながら、話し合いを重ねることで、状況の見え方が多様になり、そこから様々な選択肢が広がっていくことで、難しい状況でも柔軟に乗り越え、クライエントにとって少しでも望ましい現実を作り上げていくことに寄与できるようになると思います。

私の大学では、ソーシャルワーカーの卒後研修体制が十分に整ってはおりませんので、ソダチのごくごく最初の基盤を固めるお手伝いをすることしかできません。そして何か「正しい視点」を教えることすらできません。でも、一人ひとりと話し合い、それぞれが持つ「視点」を言葉にするお手伝いはできます。一人ひとりの中に、「まだ語られていない様々なもの」がたくさん眠っています。対人援助実践に関連づけながら、一人ひとりの中にある〈まだ語られていないもの〉、様々な関係性の中にある〈まだ語られていないもの〉を少しでも表現できるようにお手伝いできれば、と思っています。まだ言葉にしたことのない思いを表現するのは、必ずしも簡単なことではありません。だからこそ教員として、安心して思いを表現できるような時間と空間を作るサポートをしていきたいと思っています。

Key Word

・ソーシャルワーカーとしての立脚点と注視点を振り返る
・自分が相手に向けているまなざしは、相手の目の中に映し出されているものである
・話し合い（ダイアローグ）を重ねていくことで、視点の行き来をしながら、少しでもお互いの理解を豊かにしあい、その場の状況に応じた振る舞いをすることができる

［注］

1 日本マイクロカウンセリング学会による短い紹介文より。
http://www.microcounseling.com/microcounseling.html

2 ここでは利用者を指して「クライエント」という言葉を使っています。そのほうが文意を伝えやすいからです。とはいえ「クライエント」という言葉を使うことにも懸念があります。「クライエント」という言葉を使うことによって相手を『対象』化してしまい、生身の血の通った人間ではなく分析の対象のように扱ってしまうリスクが高まるからです。「本人」という記述についても同様です。目の前にいる〇〇さん、と書くほうがより良いとは思いますが、今度は読みづらい文章になり、葛藤的ながら「クライエント」という言葉で妥協します。同様に「アセスメント」や「見立てる」という言葉も『対象』化のリスクが高いのですが、他に代わる良い言葉を見出せないため、そのまま使っています。

3 このあたりの「波長合わせ」の詳細については、窪田暁子（2013）「福祉援助の臨床：共感する他者として」誠信書房を参照のこと。

4 連携というと多くの場合は、職種の異なる人との連携を想定して「多職種連携」という言葉が用いられることが多いです（例えば病院内で、医師や看護師、作業療法士や理学療法士などと連携する）。しかしソーシャルワーク業務では地域の関係機関との連携が課題となりやすく、「職種」が違うとは限りません（福祉関係の事業所同士で連携がとりづらいことも多々あります）。ですので、ここでは、「多機関連携」の言葉を用いています。

5 支援者の不安や懸念を表明し、それを分かち合うことは重要ですが、それが支援方針全体を変えてしまうほどにはならないように注意も必要です。支援方針全体を考慮する際にはやはり本人の意思が中心であり、それにまつわる家族の意思も考慮したうえで、現実的な方策を検討していくプロセスの中で支援者の不安や懸念も同時に話し合って取り除いていくことを重視したいというのが私の主張です。ですので、あくまで支援者の不安や懸念を取り除くための対応は「差し当たって」のものであり、常時の対応のように位置づけられるものとは異なるでしょう。支援者の不安や懸念が本人や家族の望みの実現を妨げることを良いとしているわけではありません。

6 なお、このように自分と関係する様々な人の間に視点を行き来させながら、そこで見えてきたことを率直に言葉にして伝えるというのは、ソーシャルアクションを行う上でも重要です。ソーシャルアクションを進めていく一つの手法であるコミュニティオーガナイジングでは、最初にストーリーを創り共有して、同じ価値観を分かち合う人を巻き込んでいくところから始まります。このストーリーには「私」の経験と「私たち」の経験を橋渡ししながら、「いま何が求められているのか」を伝えていく構造を含むものが良いとされています（そのための洗練された手法が開発されています）。「私」の率直な感情の織り込まれた言葉が、他の人を巻き込みソーシャルアクションの原動力となっていくのです。Ganz M：Leadership, Organizing, and Action（＝2016、鎌田華乃子、井口優子、松澤桂子、室田信一、荒川あゆみ、山本佑輔、忠村佳代子、會澤裕貴翻訳「リーダーシップ、オーガナイジング、アクション」第12版，NPO法人コミュニティ・オーガナイジング・ジャパン http://cojapan.sakura.ne.jp/wpdata/wp-content/uploads/2014/12/guide_ver12.pdf

7 得津慎子（2004）「ソーシャルワーク援助技術論―理論と演習」ふくろう出版より

8 筆者が近年関心を抱いているコミュニティメンタルヘルスのアプローチである、ダイアロジカルプラクティス（オープンダイアローグ及びアンティシペーションダイアローグ）の主要原則の一つ。困難な状況にあるときに、見通しの立たなさに耐えきれずに「正解」を性急に求めてしまうことが、かえって本人や家族の意にそわない支援になったり、関係者同士の対立に繋がったりして、結果的に問題を固定化させたり悪化させたりしてしまいます。ダイアロジカルプラクティスでは、不確実な状況を耐えながら、関係者相互でしっかり話し合いを重ね、着実に物事を動かしていくことの方が結果的に望ましい展開につながると考えています。Seikkula, Arnkil, & Eriksson（2003）, Seikkula & Arnkil（2006）

9 精神看護学の実習教育で使われることの多いツールで、看護理論家のH. ペプロウが開発し、様々な看護理論家によって改良を加えられてきたものです。場面を丁寧に振り返り、自分と他者との相互作用を明確化することに長けています。

10 対人関係スキルに課題のある学生とは、「コミック会話」（Gray 1992= 2005）を提案します。棒人間に吹き出しセリフを加筆してもらうだけですが、相手に対する想像力が広がる学生はいます。

11 ここではミクロからメゾレベルでのソーシャルワーク実習を例に挙げていますが、コミュニティソーシャルワークの実習の際には「会議」を分析するワークシートを開発するなど、地域や社会への「視点」も少し意識的に振り返ることができるような工夫にも取り組みはじめています

［引用・参考文献］

山角直史 2016「生活保護ケースワーカーと相談援助技術——社会福祉士資格の保持や社会福祉学学習の観点から」首都大学東京人文・社会系卒業論文（主指導教員 岡部卓）

Gray C 1994 *Comic Strip Conversations.* Future Horizons Inc.（=2005 門眞一郎訳『コミック会話——自閉症など発

達障害のある子どものためのコミュニケーション支援法』明石書店
Seikkula J, Arnkil TE, & Eriksson E. 2003 Postmodern society and social networks: open and anticipation dialogues in network meetings.*Fam Process*.42（2）: 185-203
Seikkula, J. & Arnkil, TE 2006 *Dialogical meetings in social networks*. London: Karnac Books（=2016 高木俊介・岡田愛訳『オープンダイアローグ』日本評論社）
Ganz M（出版年不明）*Leadership, Organizing, and Action*（=2016 鎌田華乃子、井口優子、松澤桂子、室田信一、荒川あゆみ、山本佑輔、忠村佳代子、會澤裕貴訳『リーダーシップ、オーガナイジング、アクション』第12版、NPO法人コミュニティ・オーガナイジング・ジャパン）http://cojapan.sakura.ne.jp/wpdata/wp-content/uploads/2014/12/guide_ver12.pdf
得津慎子 2004『ソーシャルワーク援助技術論――理論と演習』ふくろう出版
McNamee S & Gergen KJ Ed. 1992 *Therapy as Social Construction*. SAGE Publications.（=2014 野口裕二，野村直樹訳『ナラティヴ・セラピー――社会構成主義の実践』遠見書房）
窪田暁子 2013『福祉援助の臨床――共感する他者として』誠信書房

CHAPTER 5

ソーシャルワーカーの〝向き・不向き〟について考える

――社会人が社会福祉／ソーシャルワークを学ぶ場から

……本多　勇

1 はじめに
——社会人学生へのソーシャルワーク教育、社会福祉士養成の現場から

著者紹介欄をご覧のとおり、この本の執筆メンバーは皆、大学の教員をしています。メンバーそれぞれの現場（＝大学）で、学生にたいしてソーシャルワーク教育／社会福祉教育／社会福祉士養成教育を行っています。このなかで、筆者（本多）は、大学の通信教育課程で勤務しています。

多くの子どもたちが、高校（ないしそれにかわる課程）を卒業し、次の進路に悩むことでしょう。進学するか就職するか、進学するならば専門学校・短大か四大（四年制大学）か、どの専門領域・学問領域を専攻するか、卒業後どのような就職をするか、などです。そして進学を希望する学校を選びます。自分の居住する地域から通える範囲、あるいはそれまでの住まいから一人暮らしや寮生活を選ぶこともあります。場合によっては海外の学校へ進学（留学）することもあるでしょう。

筆者の所属する通信教育課程は、それとは学生の様相が多少異なっています。日常的に大学に通わず、パソコン等を使って、時間と空間を問わない学習方法をとります。入学時の平均年齢は四〇代前半から半ばです。最年少は一八歳ですが、最高齢は七〇歳代の方もいらっしゃいます。つまりほとんどの方が、一度社会に出て、再度学ぶために大学に入学ないし編入学し、通信教育

で学んでいるということになります。中には、経済的な理由や、人に会うのが苦手などの理由で通信制大学を選ぶ一八〜二〇歳の若い学生もいます。本章では、一度社会人経験を経たうえで、再度学ぼうと通信制大学に入学（編入学）した学生に焦点を当てることにします。ここでは包括して「社会人学生」ということにします。

社会人学生の皆さんは、一念発起して人生の次の目標に向かって、新たに大学に入り、学び始めます。教員の立場の筆者は、毎年新しい学生の皆さんとの出会いがあるたびに、尊敬の念を抱きます（やる気や元気も頂きます）。高い割合で、すでに社会福祉や周辺の教育、医療などの領域で仕事をされていたり、自身や家族に支援された経験があったり、社会福祉やソーシャルワークに触れたことのある方がいます。モチベーション高く、情熱的に、真剣に、一生懸命に学ぶ方が多いのでこちらもそれに応えようと真剣です。

ただ時々、ごく少数、「私、現場のこと／利用者のこと／世の中のことはほとんどわかっています」というようなスタンスの学生に遭遇することがあるのです。経験的に、そういうごく少数の学生のほとんどが、自身の「枠組み」を外せず、学びや支援の視線や姿勢、そして自己理解がなかなか深まりません。こちらの伝えたいことも、うまくひっかからず伝わりきっていない印象です。「このままの姿勢で現場に出てクライエントの支援をしたら、クライエントも本人も行き詰まるのではないか」、そう頭をよぎります。そして、こちらも手を変え品を変え、伝えたり気づきを促したり指導したりするのですが、その成果はどうでしょうか……。

本章では、社会人学生の皆さんの学びのお手伝いをしている筆者が、そのソーシャルワーク教育（便宜的に社会福祉〔学〕教育、社会福祉士養成教育も含むことにします）の現場で感じること、それを通して考えさせられることを少しまとめてみようと思います。

専門職としてのソーシャルワーカーやその国家資格として想定されている社会福祉士になることとの適性——ざっくばらんに言えば「向き・不向き」——について、そのことを考えさせられる社会人学生への実習指導や、社会人学生の実習での学びを手がかりにしながら検討してみます。またそこからあぶりだされるソーシャルワーカーに求められる事がらについて、あらためて振り返ってみたいと思います。

2 ソーシャルワーカーへの向き・不向き

（1）わかること・わかっていることと、わからないこと・わかっていないこと

まず、対象の理解と自己認識（自己理解）について整理しておきます。社会福祉やソーシャルワークの仕事に限らず、社会でどんな業種の仕事をするにあたっても、自分の持っている専門

性（知識・技術）やその業務についてのモノサシ（例えば方法や役割などの理解）を頼りにしながら、自己中心的にならないように、与えられた役割に沿うように業務（仕事）にあたります。業務や役割を遂行するのは自分自身ですから、その仕事について経験を重ねるにしたがって熟練度が増していくことになります。

仕事の対象となる人や物などに対して、自分自身が（あるいは自分以外の誰かでも）何かしら関わることで、付加価値の付く商品やサービスが生み出されたり提供されたりします。自分自身が道具や手段になります。道具としての自分という人間を、自分自身がその仕事にあわせて動かします（ドライブします）。

仕事の対象について知識や理解があるかどうかをX軸（横軸）、自分自身を俯瞰的に認識できているかをY軸（縦軸）に置くと、次のようなマトリックスを作ることができます。横軸は、対象に関する知識や理解があるかどうかです。例えば、アルツハイマー病という病気の知識、クライエントの家族構成や既往歴、電動車いすの構造、統合失調症の幻覚に作用する薬剤、生活保護制度の受給要件、などについての知識を持っているか、などです。一方で、縦軸は「自分自身に対象についての知識や理解があるかどうか」その状態についての俯瞰的に自己認識（自己理解）ができているかどうか、ということになります。なお、ここでは厳密な区別ではありませんが、「わかること／わからない」ことは「理解する・できる」という動作に重きを置き、「わかって

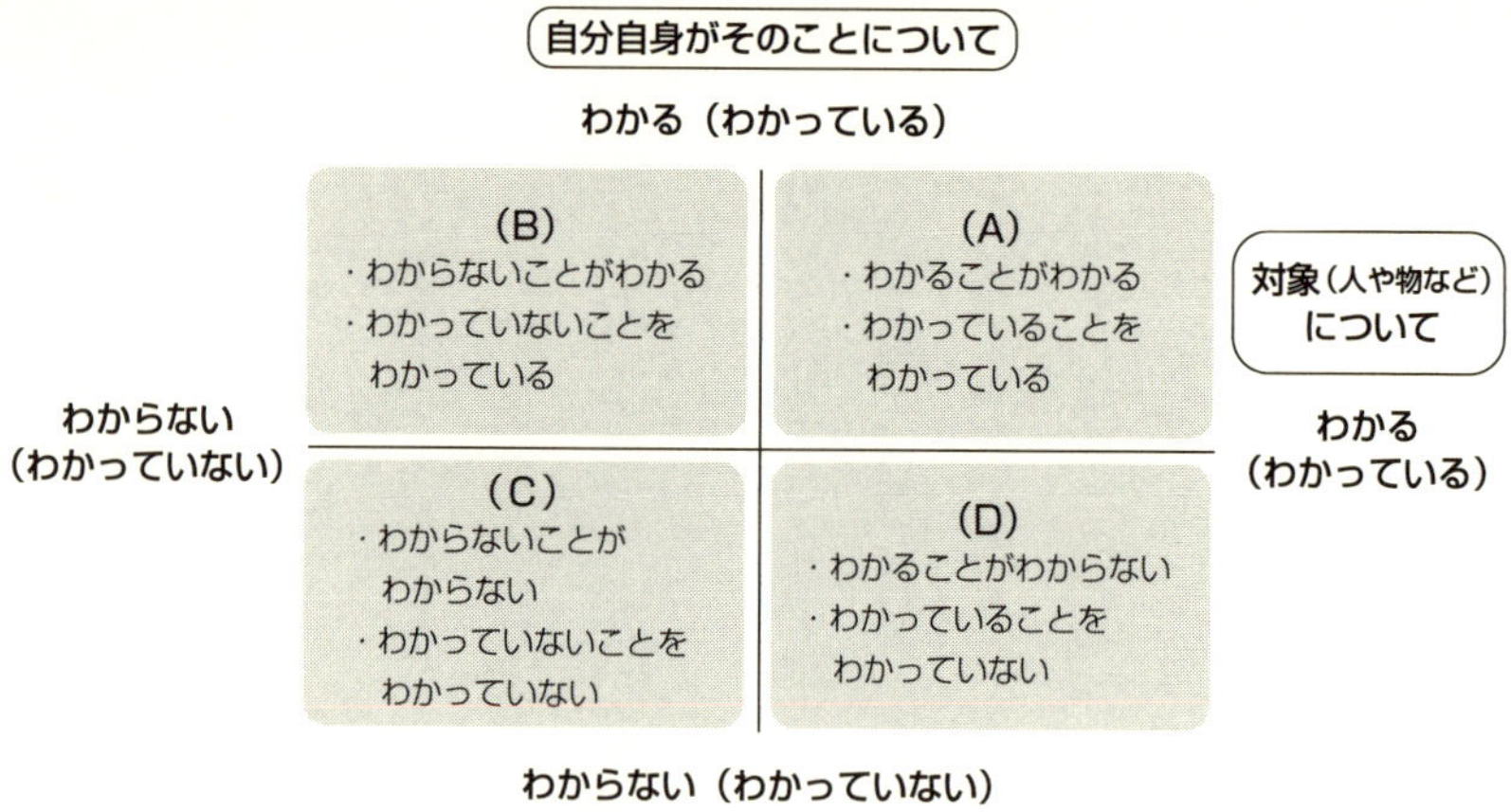

マトリックス　わかっていることとわかっていないこと（筆者作成）

いること／わかっていない」ことは理解している状態にあるかどうかに重きを置いています。

第一象限の「わかることがわかる／わかっていることをわかっている」（A）は、自分の状況や理解を冷静に受けとめられている、ということです。あわせてわからないこともある程度わかっている状態（B）であると言えます。（A）と（B）がバランス良く備わっていると、良いソーシャルワークができます。

第二象限の「わからないことがわかる／わかっていないことをわかっている」（B）は、自分自身の支援のスキルやアプローチに不備や不足があることを知っている、という謙虚なスタンスです。わからないことの自覚、いわゆる「無知の知」を理解しており、クライエント・相手にソーシャルワーカー自身の〝わかっていないこと〟を教えてもらうという姿勢を持つことができます。

第三象限の「わからないことがわからない／わかっていないことをわかっていない」（C）は、二通り考えられます。一つは「①本当にわからない」状態、もう一つは、「②（自己中心的に）わかったつもりになっている」状態です。根拠のない支援だったり、独りよがりな支援を行ったりしてしまい、クライエントに支援の「押しつけ」をしている場合があります。対人支援のための自己理解が求められます。

第四象限の「わかることがわからない／わかっていることをわかっていない」（D）のような仕事（身のこなし）をしている方も、現場には一定数います。アタマで〝理解〟するよりも前に、カラダやフィーリングで動けるような人です。対人支援の専門教育を受けていなかったり専門の資格を持っていなかったりしても、人柄やフィーリングでクライエントに寄り添いながらセンスの良い支援の仕事をしている方に出会うことがあります。根拠や知識がさらに身につけば、支援のスキルが延びていく可能性があります。

ソーシャルワーカーは、特に（B）の「わからないことがわかる／わかっていないことをわかっている」ことを意識しておく必要があります。逆に、（C）の「わからないことがわからない／わかっていないことをわかっていない」のに「わかったつもりになっている」というのがもっともリスキーです。クライエント像やその生活や社会の拡がりについて、自分の枠組みの中に収めようとして、一面や一部分をすべてと同様に見なしてしまう危険性があるからです。

（2）ソーシャルワーカーへの向き・不向き

では、ソーシャルワーカーという仕事への適性、向き・不向きについて考えてみます。

ソーシャルワーカーという仕事・職業の領域は周知の通り幅広く、その社会で暮らす人すべてに関わります。その対象は、子どもから大人、高齢者、障害や病気を抱えた人、複雑な生活課題を抱えた人／家族、貧困や孤立の状態にある人、外国人、地域社会全体など多岐に渡ります。

ソーシャルワーカーは、直接的な対人支援の仕事を行います。ケースワークとかミクロ・ソーシャルワークといわれるようなクライエント本人や家族の相談支援の仕事や、コミュニティ・ソーシャルワークとよばれるような地域住民を対象にした地域づくりの仕事などです。これ以外にも、施設や組織の経営管理部門の仕事や、行政や機関といったバックヤードの仕事、政策策定やその周辺にある仕事もソーシャルワーカーの仕事の広い領域に含めても良いでしょう。

その仕事のミッションは、障害や病気、経済状態により生活課題を抱えているクライエント（本人やその家族）に、直接・間接にサポートしたり後押ししたりして、クライエントの生活全体をより良い状態に再構築するための支援を行うことです。この支援の内容も多岐に渡ります。相談、助言（アドバイス）、連絡・調整、連携、場合によっては介護・介助、会議の開催、権利擁護、など。研修や講演、出版物作成等により社会に広く状況を訴えたり、行政や政治家に働きかけたりするソーシャルアクションも求められています。

ここでは特にクライエント本人や家族に直接関わり、対人支援業務を中心に行うソーシャルワーカーの仕事を中心に考えてみます。

ソーシャルワークは、決して派手できらびやかな仕事ではありません。支援の主役は、クライエント（本人や家族）ですから、表に立つことはさほど多くはありません。むしろ「縁の下の力持ち」的な地道かつ地味な仕事といえます。生活課題を抱えた人の生活に寄り添い、地域社会の状況や社会全体の動向に目を向け、人と繋がりあう仕事です。対象や地域によっては必ずしも社会資源が十分でなかったり、社会的に不利な状況に置かれているマイノリティな立場の人と向き合うことが多かったりします。クライエントは、個々に異なる存在ですから、支援の展開自体すべて新しい体験であると言えます。

そのような仕事をするソーシャルワーカー。対人支援（あるいは相談支援）のソーシャルワーカーの仕事に就こうとする人（就いている人）の適性や向き・不向きについて、筆者の周りにいる複数の現役ソーシャルワーカーから、ストレートに意見を訊いてみました。主な意見は、次の表の通りです。この意見がすべてのソーシャルワーカーの意見を代表しているということではありませんが、的は外していない指摘です。

［主な意見］ソーシャルワーカーの向き・不向き（筆者作成）

ソーシャルワーカーに向いている人（タイプ）	ソーシャルワーカーに向いていない人（タイプ）
・ソーシャルワーカーのしごとに誇りを持っている人	※誇りを持てない人
・「人」に興味・関心を持っている人	※「人」に興味・関心を持てない人
・「社会」に興味・関心を持っている人	※「社会」に興味・関心を持てない人
・未知のことや支援困難ケースにワクワクする人 →クライエントの抑圧を解きほぐすこと、クライエントが解放されていくことに達成感を持てるということ	※新しいことや複雑なケースの対応が苦手な人
※他者の意見も尊重できる人 ※他者への配慮ができる人	**・自己中心的な人！ ・「自分は知らないことだらけだ」と思えない人**
※自身の「思い込み」に注意を払っている人	**・「共感」したつもりで、自分の思いを達成させようとする人 ・わかったつもりになってしまう人→特に、経験のある人は要注意かもしれない**
※チームの中の自分自身のポジショニングを、上手に調整・設定できる人	**・職場や援助関係、チームの中での自分自身のポジショニング（位置取り）が下手な人 →経験と感性、フットワークでフォローできる場合もあるかもしれない**
※複数の仕事を上手に進められる人	**・同時進行（マルチタスク）で仕事をこなせない人、考えられない人 →担当ケースが１つ、ということはない。職場の中においても、いくつかの役割を持ったり、複数のプロジェクトを引き受けたりしているはず**
※柔軟な対応ができる人	**・柔軟性のない人、クライエントを制度に当てはめようとする人**
※等身大の自分を捉えて、自分のできることを探せる人	**・自分に自信の無い人 →自分自身を過小評価しすぎると、クライエントの前で小さくなってしまう 自分の視点で見ることができず、クライエントや他スタッフの言いなりになってしまうリスクが高い**

※印はその対極的なタイプの例

（3）誰が判断するか

ソーシャルワーカーの仕事への向き・不向き（自身の適性）について、誰が判断するか、という問いがあります。大きく分けて、次の五つに整理できます。すなわち、①自分が判断する、②クライエントが判断する、③同僚が判断する、④教員が判断する、⑤その他、です。特に、「不向き」であることに重きを置いて整理してみます。

一つ目は、進路選択や職種選択の段階で、自分自身が判断する、というものです。それまでの専門職教育を受けるなかで、あるいはいくつかの社会福祉の職場での経験のなかで、自分自身がソーシャルワーカーという仕事や業務に適性があるか、仕事を行う姿勢がマッチしているかどうか、を判断するということです。ソーシャルワーカーに向いていない思考や行動・態度があると自己判断すれば、別の職種に転向転職するか、自身の努力によってその弱点を克服する必要があります。ただし、自分の判断とは裏腹に、職場の同僚や利用者が「（自身の）仕事ぶりが、ソーシャルワーカーに向いている」「良いソーシャルワーカーだ」と判断している場合もあります。自己評価と他者評価の違いを客観的に分析・把握することが必要です。

二つ目は、支援の実践（仕事）のなかで、クライエント（本人やその家族、関係者）が、対人支援者としての能力が不十分であることを判断し、直接・間接に伝えるというものです。担当ソーシャルワーカーの変更を申し出たり、所属先にその旨を伝えたり、あるいは直接ソーシャルワーカー本人に伝えることが想定されます。新人や初心者の場合は先輩や同僚のサポートにより、クライエントへの不適切・不十分な支援が防げるかもしれません。また、スーパーバイズや研修・教育等で、実践スキルや姿勢の成長や改善の伸びしろがあります。一方、中堅といわれるような経験年数のあるソーシャルワーカーの場合は、知術や知識がブラッシュアップされていなかったり、押しつけるような支援など、認識の方法や支援の姿勢が悪かったり、そのためにクライエントに悪影響を及ぼしたりすることがあります。

三つ目として、同僚が判断するものです。同じソーシャルワーカーチームのメンバーであったり、違うセクションの他職種であったりします。「うちの組織・職場での仕事ぶりは向いていない」「社風、職場の風土や方針にあわない」など、組織としての人事評価や上司・上長からの判断にも関わってきます。また、「そもそもソーシャルワーカーとして適性がない。このままでは、クライエントに良い影響を与えない」というような、同じ組織のソーシャルワーカーや介護職、看護職、リハビリ職、医師、心理職等、他の専門職から、専門職としての評価や判断がされる場合もあります。いずれも同じ組織やチームにおいて、クライエントを一緒に支援することに不適であったり不足があったりする、と判断されて、チーム内の役割を任せられない状況が生じる可能性があります。

四つ目は、教員が判断する、というものです。専門職養成課程の教育のなかで、教員が向き・

不向きを学生に伝える、ということがあります。多くの場合は、ソーシャルワークの現場に就職する前に、伝えられることになります。第三者的に適性を見極めつつ指導を行ってきた教員の判断は、学生にとって自身の卒業後の進路選択時の大きな判断材料になることも事実です。

五つ目は、ここまで整理してきた①自分、②クライエント、③同僚、④教員、それ以外の人ということになります。家族や恋人・パートナー、友人、などインフォーマルな関係の人が含まれるでしょうか。「(本人の実践がうまくできないことを)悩んでいる、その悩みで生活に支障が出ているので、退職や休職を勧める」というようなシチュエーションが考えられます。本人の近くにいて本人の状況や様子から判断するというものです。

3 実習教育のなかで気づく、学ぶ

(1) ソーシャルワーカーになるための養成課程

ソーシャルワーカーに限らず対人支援専門職は、その教育課程で現場実習(臨床実習)の機会があります。ソーシャルワーカーの国家資格として位置づけられているのは、社会福祉士と精神保健福祉士です。二〇一七年三月現在、社会福祉士の現場実習は、社会福祉施設やソーシャルワーカー（社会福祉士）が相談援助の業務を行っている施設・機関・事業所で一八〇時間以上（一日八時間で二三日間以上）、精神保健福祉士の現場実習は、障害福祉施設と精神科の医療機関の両方で計二一〇時間以上（一日八時間で二七日間以上）、という基準が定められています。

われわれ大学教員にも担当する科目の範囲、役割が与えられています。社会福祉系大学の教員のうち、ソーシャルワーカー（社会福祉士や精神保健福祉士）養成課程に関わる教員がいます。そのなかに演習科目（相談援助演習や社会福祉演習、精神保健福祉援助演習など）や実習科目（相談援助実習、社会福祉実習、精神保健福祉援助実習など）を担当する教員がいます。

演習科目や実習科目は担当をするための要件が決まっています。大まかに言うと、次のいずれかに該当する必要があります。すなわち、①この科目を（カリキュラム改正までに）五年以上担当したことがある、②社会福祉士／精神保健福祉士の資格を取ってからソーシャルワーカー五年以上の経験がある、③「社会福祉士／精神保健福祉士実習演習担当教員講習会」を受講して修了した、の三ルートです（厚生労働省社会・援護局長通知「社会福祉士養成施設及び介護福祉士養成施設の設置及び運営に係る指針について」二〇〇八（平成二〇）年三月二八日社援発第〇三二八〇〇一号、二〇一一（平成二三）年一〇月二八日社援発一〇二八第一号他）。このうち、②のみが専門職としての現場経験を踏まえた要件となっています。それ以外は、現場経験がなくても良いことになっています。ただ必ずしも、現場経験があるから良い教育ができる、現場経験がないから良い教育ができない、ということではありません。「現場経験」は「良いソーシャルワーク実践」というだけでなく、場合によっては「〝常識外れの／他者から不適と判断された〟実践」もありうるからです。

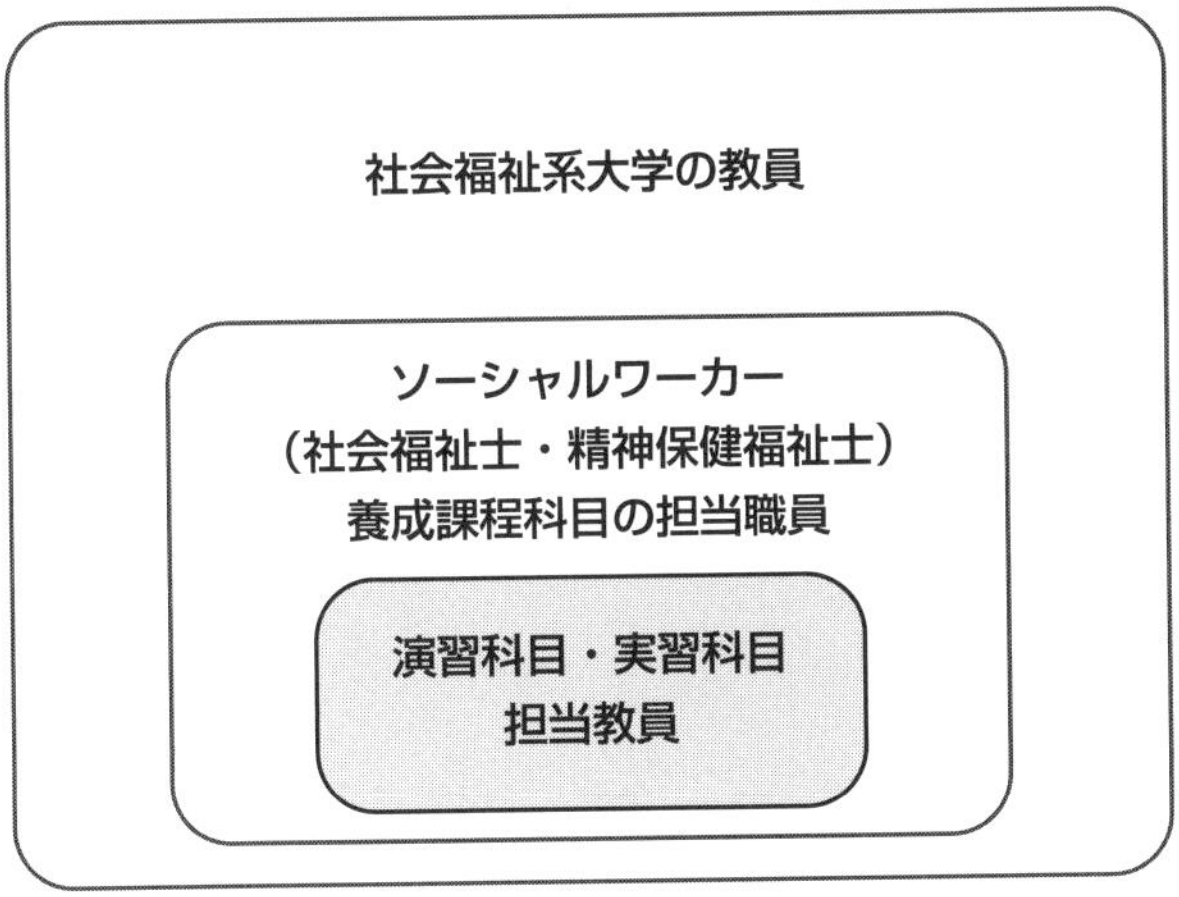

図１　社会福祉系大学の教員の立ち位置（筆者作成）

われわれ演習・実習担当教員は、演習や実習の授業で履修学生に、ソーシャルワークとは何か、ソーシャルワークの意義と面白さを伝えようとします。実践の現場でＯＪＴやスーパービジョン等をしながら後輩を育てるのとは異なるアプローチで、ソーシャルワーカーの後進・後輩となる可能性を秘めた学生たちにその魅力を伝えて、良い実践の仕事をしてもらいたいと思うからです。ソーシャルワーカーの倫理を伝えることを第一にして、ソーシャルワーカーとしてのマインドや視点の持ち方、思考様式や枠組みの持ち方、フットワークや立ち居振る舞い、技術や知識を様々なアプローチで伝え、学生の内側に浸透させていきたいと考えます。

ソーシャルワークの実習に関しては、実習に向けた準備や学ぶポイントを整理するための事前指導を行います。実習期間中は、実習施設訪問や学校での帰校指導のいずれかの方法で実習中指導を行います。実習終了後は、実習中の経験や気づきをふりかえり、達成できたことや課題に残っていることを整理する実習事後指導を行い、公表を目的とした「実習報告書」をまとめ、「実習報告会」を行います。

演習・実習指導いずれの科目でも担当教員は、授業期間の指導やディスカッション等を通じて、学生それぞれのソーシャルワークや社会福祉の理解度、実践への姿勢、伸びしろやソーシャルワークの仕事への適性、などをアセスメントしているといえます。ソーシャルワーカーへの向き・不向き、適性を、教員の立場から見ているともいえます。

もちろん、適性と教育を受けることとは違う次元の話です。学校は、卒業後の就職の準備のためだけにあるわけではありません。もしソーシャルワーカーという仕事に向いていないタイプの人でも、ソーシャルワークや社会福祉の教育は是非受けていただきたいと考えます。ソーシャルワークなど直接的に対人支援を行う仕事とは別の形——たとえば、組織運営や政策策定、教育など——で、社会福祉、社会保障、地域福祉やまちづくりに携わることも社会の中で重要なポジション（役割）だからです。

(2) 実習で何を学ぶか

社会福祉士(ソーシャルワーカー)になるための実習では何を学ぶのでしょうか。

社会福祉士の養成カリキュラムの指定規則では、相談援助実習の「ねらい」として次の三つを挙げています(厚生労働省社会・援護局長通知「大学等において開講する社会福祉に関する科目の確認に係る指針について」(二〇〇八〔平成二〇〕年三月二八日、厚生労働省社援発第〇三二八〇〇三号)。

【相談援助実習の「ねらい」】

- 相談援助実習を通して、相談援助に係る知識と技術について具体的かつ実際的に理解し実践的な技術等を体得する。
- 社会福祉士として求められる資質、技能、倫理、自己に求められる課題把握等、総合的に対応できる能力を習得する。
- 関連分野の専門職との連携のあり方及びその具体的内容を実践的に理解する。

このうち、注目したいのは二点目です。特に「求められる資質」や「倫理」、「自己に求められる課題の把握」です。実習事前学習の中では、多くの学生が、一点目の「知識」や「技術」、三点目の「連携の方法」等に注目して実習目標や実習課題を設定します。多く出てくるフレーズは、

「（実習施設の）利用者とのコミュニケーションを図る」「利用者理解を深める」「（実際の面接に同席して）面接技術を学ぶ」などです。

実際に実習が始まると、実習初期の訪問指導や帰校日指導等では、実習中の自身が立ちすくんでしまっている状況に困惑している学生もまた多く観られます。「何もできないこと」「想像と現実がかけ離れていたということ」など、実習施設の中で実習生自身が浮いた存在である、孤立してしまっている、ということに直面させられています。

実習期間がすすむにつれて、実習施設のなかでポジションが少し固まってくるのか、実習生自身も少しずつ肩の力が抜けてきます。するともともとの実習テーマに近い焦点である、利用者や現場での生活の営み、ソーシャルワークや社会福祉の仕事の営みについての理解が深まってきます。とはいえ、実習報告書や報告会において、「実習施設／利用者のすべてがわかりました！」という学生はいません（……もしそう発言する学生がいたとしたら、それは「わかっていない」学生に違いありません）。前述したような「〝わからないということ〟がわかりました」という内容の報告は、総じて良い発表です。

ソーシャルワーカーになるための実習の評価では、三つの側面の気づきや理解が段階的に深められたかということに集約できるといえます。すなわち、①自己理解、②他者理解、③環境への気づき、です。

①自己への気づき（自己理解）

まず、学生（実習生）は初めての支援の現場で、何もできない自分（今風に言うとアウェイな自分）に直面させられます。実習事前学習やそれまでの社会福祉に関する他科目の知識を総動員しても、その施設でのスケジュールや方針、情報共有の方法、利用者への関わり方の方針等、わからないことばかりであることに立ち止まらざるを得ません。指導者の後をついて廻ったり、見よう見まねで対応したり、いろんなことを指導者やスタッフに訊いたりしながら、実習を進めていきます。自分の〝知っている方法〟で対応しようとすると、時に指導者から「その方法は（この現場では）違っている」ことを指摘されることもあります。まさに、自分自身の「思い込み」や一側面からの視点であることを突きつけられます。いわば、自分のカタくなっている「枠組み」に気づきます。

また、実習の中で出会い、目の前にいるクライエント（利用者）に対して何もわからないことにも気づかされます。そこには、たとえば認知症高齢者、ダウン症や自閉症を抱えている障害者、家族と離れて暮らしている子ども、生活困窮状態にある人など、法令や制度によるサービス「対象」としてのクライエントが存在しています。しかし、当然その範囲での理解だけでは、本人を尊重し寄り添った個別的な支援を行うには不十分なわけです。「（社会的な）弱者」や「（制度の）対象」ではない、自分とは異なる一人の「他者」が存在し、その他者本人は本人の生活の場で、自分（実習生）の生活の方法や生活様式とは異なる方法による時間・空間に生きていることがわかります。自分の「思い込み」や自分の思考のモノサシ（尺度や枠組み）が、世界（社会）の標準でないことに気づかされます。社会福祉やソーシャルワーカーの現場で、（小さな）自分のできることの範囲や限界を知ることにも繋がっていきます。人の中で育てられる自分に気づくことになります。

②他者理解（クライエント理解）

社会福祉やソーシャルワークの支援の現場は、他者との協働による、他者への支援の仕事が中心です。自分だけの世界で仕事をするわけにはいきません。協働したり、支援を行ったりする相手である「他者」を理解しなければなりません。

実習で出会う相手――つまり施設のクライエント、スタッフや実習指導者――は、自分のモノサシ（尺度や枠組み）を超えて理解する必要があります。場合によっては自分のモノサシや善悪の基準を逸脱している状況の人に出会うこともあります。自分自身は、自分の思考のモノサシや視点から逃れられない（抜け出せない）ことも意識しておく必要があります。

たとえ同じ時間・空間にいたとしても、その見えている風景や過ごしている時間は、自分と相

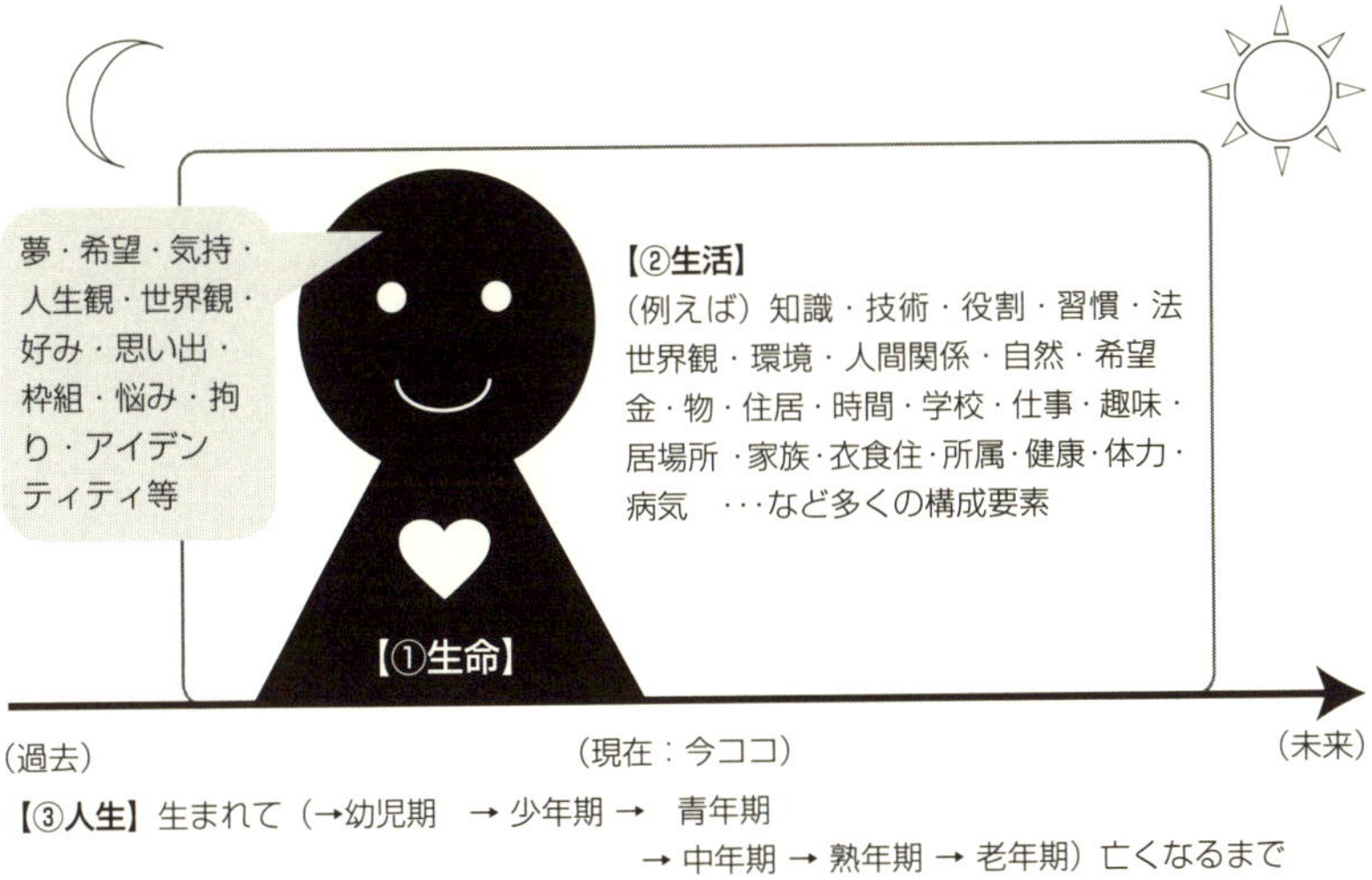

図2　すべてライフ（Life）。生命、生活、人生。（筆者作成）

手では異なっています。他者から見える世界、クライエントの世界、認知症の世界、障害を抱えている世界、子どもの世界、一〇〇歳の高齢者の世界、難病と闘っている世界……ソーシャルワーカーは、自分の経験したことのないこれらの「世界」を、相手の立場や視点から想像できる力が必要です。自分の枠組み（モノサシや基準）と、他者・相手の枠組み（モノサシや基準）の違いを受けとめて、理解し、相手の枠組みとそこから見える世界を想像できないとソーシャルワーカーとしての仕事は厳しいといえます。自分自身の枠組みだけで仕事をすると、相手の個別性を無視した押しつけの支援になってしまうからです。

そのことは、相手のライフ（Life）を想像することと、相手がこの瞬間と空間（今ココ）に存在していることを認識することも含まれます。カタカナ表記の外来語で表現したのは、ライフ（Life）には大きく分けて、三通りの和訳語を導き出せるからです。窪田暁子はその著書のなかで①生命活動、②日々の暮らし、③生涯、として用いています（窪田 2013）。ここではそれぞれを簡単に、①生命、②生活、③人生、としておきます（図2）。自分と相手では、ライフ（生命・生活・人生）も異なります。今この瞬間の持つ意味も異なっています。

自分（の世界）と異なる他者の世界を、話をしたり、同じ時間を過ごしたり、インタビュー（面接）したりして、共有していく。確かめ合っていく。これこそがコミュニケーションになります。実習ではこのような実践の場での経験が重ねられます。

③生活を取り巻く社会・環境への気づき

ソーシャルワークの実習では、自分自身への気づき、それを踏まえて他者への理解がすすむこととあわせて、私たちの暮らす社会や、クライエントを取り巻く環境への気づきのアンテナが高くなってきます。

社会福祉の現場の中で過ごすことにより、わが国の社会保障、社会福祉やソーシャルワークが成り立っている社会全体のシステムにあらためて目を向け、社会福祉の制度を生きたものとして理解することになります。実習の期間中、社会福祉の制度やサービス、ソーシャルワーカーやチームの支援によって、生命と生活が日常のレベルで護られていること（支えられていること）に触れることになります。それらは、政治や法律のシステムによって支えられていることも理解することになります（ここで、実習前に多くの科目で学んだ内容が実〔み〕になってきます）。

実習中の施設の活動プログラムなどで利用者と共に地域へ出かけていくと、見て見ぬふりをする人、見ないようにする人、迷惑そうな表情を浮かべる人などに会うことがあるかも知れません。社会福祉に触れない人々や関わらない人々は、そもそも地域に様々な課題を抱えながら生活をしている人の有り様や状況を知らない可能性があります。そのことで、無用な不安やマイナス感情を生み、知らず知らずのうちに同じ地域に暮らす人達の間に分断や排除の構造が生じる場合があります。社会は人の繋がりによって成り立ち、人の生活はそれに支えられている一方で、社会には分断や排除の構造も存在していることを学ぶことになります。社会的に不利であったり抑圧されたりしている人々がいること、さらには抑圧されているのに見えていない人達が存在することについての理解が深まります。

（3）現場で実習生に教えられること、教えきれないこと

①教えてもらえること

社会福祉のとりわけソーシャルワークに関する実習として、実習生は一八〇時間・約一ヶ月社

会福祉の現場に入ることになります。その現場は、入所型施設であれ、通所型施設であれ、利用者がその事業所にいない相談所型施設であれ、現場での実習生の立ち位置や実際の実習の方法は様々です。疑似ソーシャルワーカー的に指導者の指導や管理の下クライエントに関わる場合、指導者であるソーシャルワーカーに帯同してその横でソーシャルワークの実際を見聞きする場合、利用者の生活や就労の場に入り込んで利用者と同様の時間の過ごし方をしながら利用者から様々なことを教えてもらう場合、クライエントに関する個人情報や機密情報を含めて資料を施設内で閲覧させてもらう場合、施設内の運営業務や会議等に関わったり参加したりする場合、などなど……。

実習生は指導者から直接的・間接的に、クライエントとの関わり方や面接技術、声のかけ方、言葉の使い方、表情の返し方、ソーシャルワーカーが行う組織内・施設内の担当業務の全体像などを指導してもらいます。指導者によるスーパービジョンやふりかえりのなかで、ソーシャルワークの見方・とらえ方、関わり方、考え方、資源の動かし方等を教えてもらうことができます（指導者によっては明確に伝えてくれないこともあるようですが……）。指導者から、ソーシャルワークという仕事、社会福祉の仕事についての「楽しさ」や「やりがい」を、実習を通じて伝えてもらうことになります。

クライエントとの関わりの中では、生活の中に小さな「幸せ」と「苦悩」がちりばめられていることを知ることになります。そして、生活には明確な「正解」がないことを認識させられます。ソーシャルワーカーが関わる生活のなかに支援課題が連続し展開していくこと、改善していくことも教えてもらうことになります。

ときに、実習生が実習前に〝想像〟しているような〝理想的な良いケア・支援〟をしているとまでいえない、〝ふつう〟のケアや支援を行っている施設に実習配属されることがあります（それは誠実な適切な支援であるともいえます）。まれに、質の悪いケアや不適切な支援を行っている施設もあるかもしれません。事前学習で学んだような社会福祉の理念に基づいた「個別的」で「利用者に寄り添った」ケアや支援ができているように思えない、むしろスタッフが「利用者に対してぞんざいな対応をしていた」「虐待に近いような態度を取っていた」ようなことに遭遇してしまうこともあります。時には実習生自身に対して施設スタッフに（場合によっては指導者にも）冷たい態度を取られたり、不適切な関わりをされたりしてしまうこともあります。

社会福祉の領域は課題やジレンマがあふれかえっていること、社会は矛盾に満ちあふれていること、が伝わってきます。実習生の立場ではどうすることもできません。無論、虐待事案や不適切な支援に直面した場合、通報等をする義務が生じますが、立場上それが難しい場合は実習指導者や実習指導教員に相談する必要があります。現場に複雑な状況や事情があることそれ自体も学ぶことになります。

②教えきれないこと

学生が約一ヶ月現場実習に行ったとしても、実習生が学びきれないこと、指導者が教えきれないことも多々あります。

現場実習は、実習生（学生）が初めて経験するソーシャルワークを中心とした社会福祉の支援が行われている実践の場や時間です。その施設や事業所で見たり聴いたり経験することすべてが、実習生にとってソーシャルワークや社会福祉支援の「水準点」のようになります。一方、実習を受ける施設や事業所としては、いわば日常的に行われている支援、日常的な生活の営みの現場に、実習生が約一ヶ月の区切られた期間だけゲストのように通って来る（参加する）ということです。一部の実践の場（たとえば急性期病院のＭＳＷ実習など）を除き、多くの社会福祉の支援の現場はクライエントの生活に一ヶ月以上寄り添いながら仕事をしています。ソーシャルワークの生活支援の醍醐味のひとつとして、クライエントの生活が少しずつ良い方向に進んでいく、ということにあるとすれば、その支援の期間は一ヶ月に収まることはなかなかありません。場合によっては半年・一年・五年・一〇年・それ以上の期間を要する場合もあります。その意味では、そのような生活支援の醍醐味を一ヶ月の実習で伝える（教える）のは難しいといえます。

また、現場実習の施設は、たいていの場合、一ヶ所（多くても二ヶ所）です。いわゆるジェネラリストソーシャルワークの視点から、どのクライエントに対しても支援の組み立ての基本は同じであるという考え方に立っているといえます。とはいえ、現実としては、たとえば、地域包括支援センターでの実習、就労継続支援B型事業所での実習、児童養護施設での実習、社会福祉協議会での実習、病院の医療ソーシャルワーカーの実習、独立型社会福祉事務所での実習、それぞれその内容やプログラムには違いがありますし、実習生の学びも異なっています。根拠となる制度の違いやクライエントの生活課題の異同を含め、社会福祉実践・ソーシャルワーク支援の幅の広さを一領域の実習で学ぶことは難しいといえます。学校の教育カリキュラムや実習受け入れ側の施設・事業所の事情、加えて実習に行く学生の事情もあるとはいえ、一領域の実習から、社会福祉支援の領域の幅の拡がりを想像・理解できるようなソーシャルワークの学びの機会が充分かといえばやや心許ないところです。

そして、社会福祉・ソーシャルワークの立場からの社会への関わり方、特に政治や社会への関わり（特にソーシャルアクション）は、ソーシャルワーク教育や実習プログラムには足りていないといえます。約一ヶ月の実習期間中に、地域の中にある社会資源のネットワーキング、地方自治体や国等に対するソーシャルアクション等をソーシャルワーカーが行って、制度や地域の社会資源が大きく変わる、ということはほとんどありません。その種まきのような実践の場に参加することはあり得ます。たとえば、地域包括支援センターや障害者基幹相談支援センター、障害者特定相談支援事業所などのソーシャルワーカー（社会福祉士）が地域支援会議や行政の委員会や連絡会議等に参加する場合、などです。そもそも、自分の施設や事業所の利用者（あるいは利用予定・希望者）だけでなく、地域住民や地域社会、社会全体に視野を広げて社会変革や社会開発を行おうとしている実習施設・機関は、現在の枠組みの中では多いとはいえません。また、ソーシャルアクションといえる実践や活動を具体的に行っている意識のあるソーシャルワーカーはそれほど多いとはいえません（独立型社会福祉士事務所等にはアグレッシブな方も多いですね）。

最後に、実習生自身の苦悩・困惑・問い・試行錯誤を解決する方法も、教えるのは難しいといえます。その問いを解決するのは実習生自身にほかならないからです。実習生自身が、実習のなかで何にどのように困り、それに対応するのか（対応しようとするのか）は、実習指導者からは推し量ることはできても、その困難をリアルに共有することはできません。指導者からは、指導者自身の学生あるいは新人のときの試行錯誤した経験から、実習生自身が悩んでいることや躓いていることを想像し、そのことを前提に実習生をアセスメントして、アドバイスすることになります。

4 〝素人〟から〝専門職〟になるということ（まとめ）

（1）ひっかける、考える、言語化する、そして身体化する

社会福祉実習・ソーシャルワーク実習の中で、実習生自身が経験したこと自体あるいは経験の

意味を、実習生である自分で感じる、自分の中に「ひっかける」、ということが大事です。「ひっかける」というのは、実習の中で経験する様々な状況や事象についてカラダの内側で何かを感じ、「なぜ?」「どうして?」と疑問符（=問い）が湧き、それを学びや実践の課題として維持（保持）するということです。これまでの知識や経験と重ねて、支援のポイントや実習での学びのポイントとして重要であることを、意識しておく・認識しておく、ということとも捉えられます。

実習期間中、ただ施設で過ごすだけ、規定の時間をこなすだけでは、実習をしたとはいえません。この感じてひっかけた内容（問い）について、自分自身が向き合って考えることが必要になります。その問いの解決へのヒントは、実習指導者からのスーパービジョンであったり、教員による訪問指導面接であったり、学校に戻っての教員による帰校日指導や他の実習生とのディスカッションによって、得られます。感じてひっかけることと、そのことに向き合って考えることの「往復運動」（内省）をすることで、わかることの理解とわからないことの理解が深まります。対人援助専門職（ソーシャルワーカー）としての視点やクライエントへのまなざしの確認ができてきます。

この内省の上で、気づきを言葉で（言語的に）整理をして表す・表現することが重要です。文字・文章としては、実習記録・日誌や、実習報告書にまとめることになります。音声言語としては、実習指導でのやりとりやディスカッション、実習報告会の発表があります。いずれも、ソーシャルワーカーや対人支援専門職として働く際に、現場で支援の記録を書く、チームカンファレンスや申し送り等で他のスタッフに伝えることに繋がってきます。

〔ひっかけて、考える、それを言語化する〕、この一連の営みの上に、専門職としての身のこなし方が現れてきます。たとえば、施設や機関、地域でのソーシャルワーカーとしての動き方、フットワークの取り方、クライエントとの面接の際の表情の使い方、言葉の使い方、などです。〔身体化〕、といってもよいでしょう。

現場で実習を行う学生も、現場で実践をする現役のソーシャルワーカーも、社会福祉・ソーシャルワークの専門性を持って、〔ひっかけて、考える、それを言語化する、身体化する〕営みを日常的に行っている、といえます。

(2) どのようなソーシャルワーカーをソダテたいか、どんなソーシャルワーカーにソダチたいか

どのようなソーシャルワーカーをソダテたいか、どんなソーシャルワーカーにソダチたいか。このことを問い返してみるといろいろな〝答え〟がアタマを巡ります。……臨機応変に仕事をこなせるソーシャルワーカー、クライエントからの信頼を得ているソーシャルワーカー、現場でチームメンバーから信頼を得ているソーシャルワーカー、社会をよりよくしようとするソーシャルワーカー、ソーシャルアクションのできるソーシャルワーカー……いろんな形容詞や修飾語の

ついたソーシャルワーカーが浮かんできます。

もっとシンプルに考えると、その答えのひとつとして挙げられるのは、〔独りよがりの思い込みでなく「わかること」「わからないこと」を冷静に受けとめるスタンスで、①自分自身のことを理解し、②相手（クライエントや関わる相手）のことを理解でき、③社会や環境へのまなざしをしっかり持てている、そんなソーシャルワーカー〕ということに整理できそうです。これは、実習での学びの評価ポイント（①自己理解、②他者理解、③環境への気づき）と重なり、連続していることに気づきます。そしてそれは〔ひっかけて、考える、それを言語化する、身体化する〕、そのような営みができるココロとアタマとカラダを持つようにすることが必要条件です。もちろん、ソーシャルワークマインドやソーシャルワーカーの倫理を持って、という前提も重要です。

対人支援を中心業務とする（狭い意味での）ソーシャルワーカーに〝向いている〟と判断された人は、実践や学びのなかで、その〝向いている〟適性をより磨いて、よい実践を続けられるように維持したいものです。

自分自身やクライエントに、（対人支援を中心業務とする狭い意味での）ソーシャルワーカーに〝向いていない、向いていないかも知れない〟とされた人は、相談支援の現場での業務に〝向いている〟ように思考や実践を少し変えていく努力をする必要があります。そのためには、一歩踏み込んだ自己理解（自己覚知）と他者への関わりのスタンスを少し変えてみることが求められます。それが難しい場合は、対人支援の現場から一歩離れて、社会福祉（対人支援）を支える間接業務やバックヤードの仕事に役割や業務分掌を変えてもらうなど仕事のアプローチを変えることも選択肢に入りそうです。

相談援助を中心とした対人支援職としての（狭い意味での）ソーシャルワーカーだけではなく、それらを支えるバックヤード業務もふくめた社会福祉に関連する領域で仕事する人をすべて（広い意味での）ソーシャルワーカーと捉えることもできます。バックヤードで仕事をする人も、クライエントのより良い生活への支援を想定しながらその業務を行う必要があるからです。

学校（養成校）の教員は、〝向いてない（かもしれない）〟学生にも、ソーシャルワーカーとしての倫理や知識・技術を伝え、教育の機会を提供します。ソーシャルワーカーとしてのアタマ（思考や言語）やカラダ（行動やフットワーク）を持って内側から変化できるように、仕掛けを作ったり、ヒントやアドバイスを与えたりします。教員には学生へのストレングス視点が求められます。

専門職としての社会福祉士（ソーシャルワーカー）は、後進を育てるミッションも倫理綱領の中に含まれています。実習生を受け入れる現場のソーシャルワーカーも、学生や後輩に、内側から気づき成長するための仕掛けを作ったりスーパーバイズを行ったりします。

現在、社会福祉士の実習期間を長くすべきという議論があります。実習期間が長くなれば、社会福祉士実習を受ける現場や実習指導者の負担が増えます。学校サイドは、実習施設を確保することが難しくなることが予想されます。

障害や病気を抱えながらソーシャルワーカーを目指す人も一定程度増えてきていることから、そのような事情を抱えた学生に対して教育や実習に関する個別の配慮いわば合理的配慮も必要になってきています。

支援の現場では、複雑な事情を抱えたクライエントや多問題家族への個別支援の必要性、細かなサービスメニューの設定等が求められており、さらには人材の流動化がすすみ人材不足の状況が続いています。

これからの日本では、一八歳人口減少を含む社会福祉領域への志望人材不足の問題、社会福祉制度の複雑化とそれに伴う業務量の増加、倫理・知識・技術の社会的要求の増大などにより、ソーシャルワーカー養成の道のりが険しくなってきます。これまで以上に、養成校（教育・研究）と施設（実践）の強い協力関係・信頼関係が重要です。現場の直面する課題にもわれわれ教員は敏感でなければなりません。教育や学生の状況に理解のある実習施設（現場のソーシャルワーカー）も、今よりもっと求められます。

それでも、教育や指導には一定の限界があります。学生やソーシャルワーカー自身の成長や変化が重要です。学校でも、現場に出て専門職として仕事を始めても、勉強の連続です。「ひっかけて、考える、それを言語化する、身体化する」営みの連続です。大人になっても、現場に出ても、ソーシャルワーカーになって経験を重ねても、ソダチは続きます。ソーシャルワーカーを目指す学生やソーシャルワーカー自身のソダチは、クライエントへの質の高い支援・ケアに繋がってきます。

われわれソーシャルワーカーは、日々、日常で起こる様々な課題に対して問い返し続けなければなりません。われわれは、クライエントや周辺にいる方々との出会いを一期一会として、〝(今この場での関係性は)有り難い〟と意識しつつ、人と関わり、人からソダテられているのです。

Key Word

・「わかること、わからないこと」をわかる。「無知の知」の姿勢。
・実習での学びポイントは、①自己理解、②他者理解、③環境への気づき。
・〔ひっかけて、考える、それを言語化する、身体化する〕ココロとアタマとカラダを。

［引用・参考文献］

奥川幸子 1997『未知との遭遇——癒やしとしての面接』三輪書店

——— 2007『身体知と言語——対人援助技術を鍛える』中央法規出版

窪田暁子 2013『福祉援助の臨床』誠信書房

木下大生・後藤広史・本多勇・木村淳也・長沼葉月・荒井浩道 2015『ソーシャルワーカーのジリツ——自立・自律・而立したワーカーを目指すソーシャルワーク実践』生活書院

本多勇 2015「ソーシャルワーク実践の『評価』——ジリツしたソーシャルワーカーになるには」『ソーシャルワーカーのジリツ——自立・自律・而立したワーカーを目指すソーシャルワーク実践』生活書院、158-195ページ

CHAPTER 6

ソーシャルワーカーという職業を社会の中でソダテルために

――曖昧さからの脱却と社会への周知

……木下大生

1 はじめに

先日、「小中高生のなりたい職業ランキング」を目にする機会がありました。二〇〇九年の少し古いデータでしたが、約一万三〇〇〇人の小学生〜高校二年生までを対象とした調査結果が示されていました（ベネッセ教育総合研究所 2009）[1]。小学生、中学生のなりたい職業は、スポーツ選手、ケーキ屋さん、幼稚園の先生、学校の先生、医師、看護師……いつもこの手の調査でみるおなじみの職業でした。「自分は何になりたかったんだっけ」と郷愁に浸りながら楽しく調査結果を眺めていたのですが、高校生のランキングに移った時、ノスタルジックな気分から現実に引き戻されました。

野球選手やサッカー選手はトップテンから外れ、芸能人も順位を下げ、その代わりに小・中学生のランキングにはなかった、「理学療法士、臨床検査技師、歯科衛生士」、「カウンセラー、臨床心理士」がトップテンに登場していたからです。小さいころから慣れ親しんだ職業であるともいえない、しかも福祉職と隣接する職種です。一方、ランキングにはソーシャルワーカー、社会福祉士・精神保健福祉士は登場しませんでした。それを残念に感じたのですが、ソーシャルワーカーや社会福祉士の職業的人気、という点に即して考えると、ランキングに登場するとかしないとか以前に、特にここ数年「求人を出しても人が来ない」「入ってきたとしてもすぐに辞めてしまう」といったネガティヴな情報ばかりを聞くようになってきています。

一般的に国家資格がある職業は、高い収入や職を得やすいというイメージから人気があります。しかし、現在ソーシャルワーカーが職業として人気があるかないかと問われたら、残念ながら私は答えに窮してしまいます。いや、人気があるか否かということよりもむしろ、そもそも「職業」として社会に認識されているのか、という疑問がある、というのが正直なところです。

一九八七年に「社会福祉士及び介護福祉士法」が制定されて以降、社会福祉士養成関係者は相談職と介護職の違いを明確にすることにより、ソーシャルワーカーを職業として確立することに心血を注いできました。しかし、この「ソーシャルワーカー職業問題」に再度じっくりと向き合ってみると、様々な「よくない」課題や状況が頭の中に浮かび上がってきます。

これまでのソーシャルワーカーを職業としてソダテようとしてきた試みは、どの程度達成されてきたのでしょうか。われわれは先人の弛まぬ努力を継承できているのでしょうか。本章では、ソーシャルワーカーが社会の中で「職業」としてソダツということ、またそれを阻害している要因について筆者なりの観点から検討してみたいと思います。

なお本章ではここでは、ソーシャルワーカー＝社会福祉士資格を有する者、また「ソーシャルワーカー」は職業名として、「社会福祉士」は資格名として扱っていきます。

2 志願者、なり手の減少という厳しい現実と職能団体の弱体化

（1）入口と出口の問題

さて、まず福祉実践現場や社会福祉士養成課程に相当する社会福祉学部の志望者の状況を見ていきます。

社会福祉学部の志願者・入学者・充足率は、二〇〇二〜二〇〇五年までは全国の社会福祉学部の定員よりも入学者数が上回っており、充足率が一〇〇%を超えていました。また全国大学の充足率の平均の値よりも上回っていました。かつて社会福祉学部は人気の学部だったのです。しかし、二〇〇六年から雲行きが怪しくなります。充足率が全大学の平均を下回りますが、まだこの年は充足率が一〇〇%を超えていました[2]。ただ翌年の二〇〇七年からこれまでの人気学部の様相が一変します。充足率が一〇〇%を下回るのです。そしてここから現在まで充足率が一〇〇%を超えたことがありません。もちろん少子化の影響もあるでしょうが、全大学の充足率の平均を見ると一〇〇%を超えているので、その影響のみではなく、選択されなくなってきていると言え

表1　社会福祉学部の志願者・入学者・学部充足率

年度	学校数	志願者	定員	入学者数	充足率	全体平均充足率	定員―入学者	全国平均充足率―充足率
2016	23	10972	4644	4079	87.8	104.4	-565	-16.6
2015	23	12221	4809	4446	92.5	105.0	-363	-12.5
2014	23	12603	5069	4644	91.6	103.8	-425	-12.2
2013	23	12918	5169	4708	91.1	105.6	-461	-14.5
2012	23	13485	5379	4733	88.0	104.0	-646	-16.0
2011	23	13953	5349	4868	94.4	106.0	-481	-11.6
2007	27	19847	6257	6169	98.6	109.0	-88	-10.4
2006	27	25769	6347	6636	104.6	107.3	289	-2.7
2005	26	32410	6337	7257	114.5	109.9	920	4.6
2004	27	25844	6133	7266	118.5	110.5	1133	8.0
2003	22	23091	5205	6315	121.3	データなし	データなし	データなし
2002	22	22252	5115	5901	115.4	データなし	データなし	データなし

出典：日本私立学校振興・共済事業団 私学経営情報センターが2002年～2007年、2011年～2016年に発行した『私立大学・短期大学等入学志願者動向』の「学部別志願者・入学者動向」のデータを引用して筆者が分析。なお、他にも社会福祉学部相当と考えられる名称の学部がいくつか見受けられたが、ここでは本調査で社会福祉学部と累計されていた学部のみを分析の対象とした。

るのではないかと考えます。

無論、志願者減少が福祉実践現場を志望する学生の減少に直結しているとは言えませんが、単純に分母が小さくなり排出される人員も減少するわけですから、直結していなかったとしても全く影響がないわけがありません。

私が大学の新卒であった一九九〇年代後半は、福祉実践現場の買い手市場でした。特に人気があったのは医療ソーシャルワーカーでした。いくつか採用試験を受けたのですが、倍率は最低でも五倍、最高で一八〇倍（！）もの病院がありました。最終的に高齢者を対象とする療養型病床群の病院に採用となったのですが、この超買い手市場の時期において先の見えない就職戦線に疲弊し、辟易としていたのをいまでも鮮明に覚えています。

病院を程なくして退職し、その後、大学の社会福祉士養成のスタッフとして就職したのが二〇〇〇年代前半でしたが、それ以降四、五年は医療ソーシャルワーカーや障害者支援施設の支援員、高齢者施設の相談員の倍率は、変わらずそこそこ高かったように記憶しています。少なくとも、今のように「求人を出しても人が来ない」という状況ではありませんでした。しかし、状況は大きく変わってしまいました。あれほど人気があった医療ソーシャルワーカーですら人気に陰りがみられてきており、高齢者施設や障害者施設の管理者からは、採用試験への応募者が減少の一途を辿っているとの声が上がってきています。

(2) ソーシャルワークを学んだ学生が福祉実践現場を選択しない？

このように「社会福祉実践現場に人が集まらない」という困った状況を招いている要因は、社会福祉士養成校の志願者が減少しているという理由の他にもあります。その一つとして社会福祉養成校の入学者が社会福祉実践現場を就職先として選ばないことがあげられます。

日本社会福祉教育学校連盟（現日本ソーシャルワーク教育学校連盟）が二〇一三年に行った『社会福祉系大学等における卒後進路の検証に関する研究――中間報告』（以下、「進路調査」）では、社会福祉士養成校に在籍した学生の進路の内訳が示されています。その中では、社会福祉の施設・機関等に就職したのは一七三三人で全体の六八・二%でした。一方、一般企業に就職したのは八〇七人で三一・八%でした。この割合が高いのか低いのか、どのように解釈してよいのかわかりません。法学部に入学した学生がみな法曹家を目指さず、多くが一般企業に就職することを考えれば、社会福祉士養成校の卒業生が福祉領域に進む割合はまだ高いのかもしれません。ただ、それを差し置いても更に二点気になることが思い浮かんできます。

(3) 伝統校は一般企業へ、ソーシャルワーカー希望者はケアワーカーに

一つは、一部の大学の社会福祉学部や学科の就職先の大半が一般企業であることです。社会福祉士養成に該当する学部や学科のホームページに掲載されている就職先内訳をみていくと、偏差値上位になるに従い、社会福祉の施設・機関等への就職率が低くなり、一般企業や公務員への就職率の割合が高まってきます。極端な例ですが、卒業生の九割が一般企業に進んでいる養成校もあるくらいです。

もう一つは、社会福祉の施設・機関等に就職しても、ソーシャルワーカーの中心的業務である「相談業務」に就けている人の割合が低いことです。「進路調査」が示す社会福祉士養成校の卒業生で福祉・医療系の職種に就いた八七五二人の職種の内訳を示したデータをみると、約半数の三七四三人(四三・〇%)が介護職に就いています(学校連盟 2015: 70)[3]。この情報のみでは、就

職した本人たちが介護職を希望して就職した可能性も払拭できません。しかし、他年度の調査では、社会福祉士資格取得希望者に「進路選択上の環境で希望すること」への回答で、「社会福祉の学びが活かせる相談援助機関の増加」が最も高い選択項目となっていました（学校連盟 2014：27）[4]。つまり、福祉実践現場に就職したとしても、約半数の人がソーシャルワーカーではない職種に就いている現実があります。

（４）職能団体の低い組織率と考えられる要因

以前、とある調査で三つの職能団体にヒアリングをさせて頂きました。ヒアリングの内容は国家資格の上乗せ資格についてのことだったのですが、このヒアリングで特に印象に残っているのが、日本理学療法士協会（以下、ＰＴ協会）です。ＰＴ協会ではヒアリングの目的とは違うインパクトのある情報を得ました。それは組織率の高さとその理由でした。その当時、ＰＴ協会の組織率が概ね八〇％であることを聞き、衝撃を受けました。二〇一六年現在も、約一二万人の資格登録者がいて、ＰＴ協会の組織率が約八〇％、つまり約一〇万人が職能団体に所属していることになります。他方、日本社会福祉士会は二〇一四年現在、資格登録者は約一八万人で組織率が約二一％、約四万人しか職能団体に入会していません。

対応して下さった事務局長に組織率の高さの理由について質問した際に、しばらく考え込まれた後に返ってきた、「あれかなぁ……思い当たるとしたら、三月に各養成校の教員から、理学療法士協会のパンフレットと入会案内を送ってほしいという問い合わせが殺到します。例年、いくら刷っても足りない状況になります。養成校の教員が、学生に入会を勧めているのではないでしょうか」という言葉を聞いて膝を打ちました。

そこで社会福祉士会の組織率向上のためには、資格取得者に社会福祉士の職能団体を知ってもらうことが必要という至極当たり前のことを学び、どのように知ってもらうかの戦略を練りました。簡単なのは、ＰＴ協会のように各養成校の教員に対して、学生に社会福祉士会の周知をお願いすることですが、当時の日本社会福祉士会長と検討した結果、養成校にはそれぞれ考えがあるからそれは難しいだろう、ということになりました。そこで、国家試験の事務を司っている社会福祉試験・振興センターと掛け合い、社会福祉士合格者に郵送する合格証等の書類に社会福祉士会のパンフレットと入会案内を同封してもらうことになりました。社会福祉士試験に合格した人が職能団体を知り、入会が促進され組織率が向上することに期待が膨らんだことが、昨日のことのように思い出されます。

ただ、この時はこれでよいと思っていたのですが、よくよく考えてみるとこれでは十分ではありませんでした。というのも、ＰＴ協会の組織率の高さは、ただ単に養成課程にいる学生が職能団体の情報を得たことによるものだけではありません。それであれば、社会福祉士試験の合格者は二〇〇九年から合格証とともにパンフレットが入っているのですから、社会福祉士会の組織率が上昇しているはずです。しかしあれから約一〇年経ちましたが、ほとんど状況は変わっていません。

ここでわが身を振り返ってみると、私自身が学生に社会福祉士会のＰＲをしたり、積極的にその良さを説き入会を勧めていたかというと、そこまではなかったように思います。

職能団体の組織率の状況はその職業のあり様に直結していると考えられます。やはり職能団体が元気な専門職は社会の中でも生き生きとしていますし、そうであるほど社会に対する発言力や影響力も増してきます。

ソーシャルワーカーの職能団体である日本社会福祉士会の組織率の低さは、考えたくないことですが社会における現在のソーシャルワーカーの姿を反映しているのかもしれません。

３ アイデンティティーの曖昧さと職業として認識されていない現実

（１）ソーシャルワーカーって？

ところでソーシャルワーカーに相当する職種や資格は多くあります。職種では、児童福祉司、知的障害者福祉司、福祉事務所現業員、社会福祉協議会職員、特別養護老人ホーム相談員、障害者施設支援員、児童指導員、医療ソーシャルワーカー、スクールソーシャルワーカー、地域包括支援センター相談員、地域生活定着支援センター相談員etc…また、資格では、社会福祉士、精神保健福祉士、社会福祉主事任用資格、介護支援専門員等、公的資格においてもざっと思い浮かべただけでもこれだけあります。

職種の話に戻しますが、これらの職種は働いている場所も様々です。福祉事務所や児童相談所などの自治体、社会福祉協議会やＮＰＯ法人といった第三セクター、特別養護老人ホームや障害者施設、児童養護施設などの福祉施設、病院、学校、刑務所、地域の相談センター等々。ソーシャルワーカーがいかに社会で広く働いているかがよくわかります。ただここにあげた職種は、はたして全てソーシャルワーカーなのでしょうか。そもそもソーシャルワーカーとはどのような人をソーシャルワーカーと呼ぶのでしょうか。職域が拡大する一方で、その像の輪郭がぼやけていることにも再度気づかされます。

例えば、福祉事務所のケースワーカーは、生活保護受給者の生活の維持・向上その他保護の目的達成に必要な指導又は指示をすることができるとされています。この内容もソーシャルワークの一環であると断言してしまってよいのか疑問が残りますが、個人に寄り添って生活を支援する、と捉えればソーシャルワークの一環であるのかもしれません。ただ一方で、生活保護受給者抑制のためにとられるいわゆる「水際作戦」が社会問題として取り上げられています。筆者も野宿生活者等の生活保護申請の同行を時折しますが、受付窓口で申請をさせようとしない力が働いている現状を目の当たりにすることもあります。

もちろん福祉事務所のケースワーカーは、行政職員という立場から強いられる役割もあることは理解できなくもありません。ただ、憲法に定められた権利行使を阻む対応をしている場合、はたしてソーシャルワーカーとみなして良いのか、悩むところです。

また、現在の障害者支援施設、旧知的障害者授産施設や更生施設においても、その支援は日常生活介助が中心であり、その中でも特に障害が重度の人が多い施設では、食事介助や排泄介助、入浴介助が支援業務の中心です。これはソーシャルワークなのでしょうか、ケアワークなのでしょうか。実際に、「社会福祉士及び介護福祉士法」が成立した際に、「われわれはソーシャルワーカーなのか、ケアワーカーなのか」という実践現場の支援者の声が聞こえてきていました。

この例に限らず、先に示した多くの職種、それぞれの働きを具体的に見ていくと、統一化された像が浮かんでこない、という現実を突きつけられます。この社会においてソーシャルワーカーとはいったいどの職業を指すのでしょうか。

（2）ソーシャルワーカーの定義

ソーシャルワーカーとは何をする職業なのかという初歩的な疑問を明らかにするため、ソーシャルワーカーの定義に立ち戻ります。ここではソーシャルワーク専門職のグローバル定義を確認します。

ソーシャルワークは、社会変革と社会開発、社会的結束、および人々のエンパワメントと解放を促進する、実践に基づいた専門職であり学問である。社会正義、人権、集団的責任、および多様性尊重の諸原理は、ソーシャルワークの中核をなす。ソーシャルワークの理論、社会科学、人文学および地域・民族固有の知を基盤として、ソーシャルワークは、生活課題に取り組みウェルビーイングを高めるよう、人々やさまざまな構造に働きかける。この定義は、各国および世界の各地域で展開してもよい。（「ソーシャルワークのグローバル定義」）

ここに示されているソーシャルワーカーは、「社会正義」「人権」「集団的責任」「多様性の尊重」の諸原理を中核の価値として「人々やさまざまな構造に働きかけ」、「社会変革」「社会開発」「社会的結束」「人々のエンパワメント」を促進する専門職であることがわかります。

私自身に照らして考えた時、できているか否かは別として、日ごろから意識的に行っている支援活動そのもののようにも捉えられます。一方でかなり崇高な理念であって、かならずしも具現化、体現化できていないという反省もあります。

ここでふと考えるのが、ソーシャルワーカーの定義を体現化できていないとソーシャルワーカーではないのか、ということです。あるいは、この中の一部が出来ていれば、その人をソーシャルワーカーとしてよいのでしょうか。

(3) ソーシャルアクションが切り離されたソーシャルワーク教育?!

そのような問いを立てるのには、二つの理由があります。一つは、ソーシャルワーク専門職の定義にある「社会変革」に相当するソーシャルアクションがソーシャルワーク教育のカリキュラムから外れていること、もう一つは、多くのソーシャルワーカーが自身はソーシャルアクションができていないと回答していることです。

現に、日本のソーシャルワーク教育、すなわち社会福祉士養成課程において、ソーシャルアクションに関する記載がないこと、また六社から出版されている社会福祉士養成のテキスト一二冊において、ソーシャルアクションに関しての記載があったのは、三社四冊のみであったことが指摘されています(高良 2017: 51)[5]。個別支援の方法についてはどのテキストも必ず扱っていることを考えると、ソーシャルワークを構成する一要素であるソーシャルアクションが蔑ろにされてしまっているといっても過言ではありません。

また、ソーシャルワーカーへの面接調査での「環境へのアクション」ができているかという問いに、九人中七人が「できていない」旨の回答をしていることや（片山 2017: 16）[6]、ソーシャルアクションの内容を理解したうえでソーシャルアクションができている人はとても限定されている旨の結論が示されている研究もあり（高良 2013：51）[7]、多くのソーシャルワーカーがソーシャルアクション実践に及んでいない状況が推測されます。

ソーシャルワーク専門職の国際定義の中で、ソーシャルワーク専門職は「これを行うのだ」と標榜されているソーシャルアクションが、実践と研究双方ともに取り組めていないという状況が、日本では大きな現実として横たわっています。先に出した問いである「誰がソーシャルワーカーなのか?」ということよりも、「日本にソーシャルワーカーはいるのか?」というわれわれにとってとても厳しい問いが浮かびあがってくるのです。

4 ソーシャルワーカーは国に職業と認識されていない？

(1) 日本標準職業分類にみる専門職

さて、ここまでソーシャルワーカーは職業として「ソダッテいるのか」という問いを基盤に据え、それにまつわるソーシャルワーカーや社会福祉士資格の状況を確認してきました。どの側面から見ても、厳しいと言わざるを得ない状況です。むろんどのようにソーシャルワーカーを定義するかによってソダッテいるかいないかの結果は異なってきますが、さらに厳しい現実を突きつけられるのが総務省の「日本標準職業分類」です。

「日本標準職業分類」は、一九六〇年に旧自治庁が、法令に基づく統計基準として職業に関する分類を設定したものです。その後五回改定され現在の形になっています[8]。分類は大分類、中分類、小分類に分かれており、大分類でA～Lの一二種、中分類で七四種、小分類で三二九種の職業が示されています。国が認定する「日本に存在する職業認定表」とでもいえましょうか。まず敢えて遠回りをして、代表的な専門的職業やソーシャルワーカーの隣接職種がどのように掲載されているかを見てみます。専門職の象徴とでもいうべき医師、弁護士は、大分類では「B

専門的・技術的職業従事者」に分類されています。他の多くの専門的職業も同じです。さらに中分類を見てみると、弁護士がカテゴリーされている法務系の専門職は、「17　法務従事者」で括られており、小分類として、裁判官、検察官、弁護士、弁理士、司法書士が列記されています。どちらも倍率が高い難関国家試験に合格することで就くことができる専門職です。

続いて、ソーシャルワーカーに隣接する職業を見ていきます。専門職の代表格としてあげられる医師は、中分類で「12　医師、歯科医師、獣医師、薬剤師」と列記されています。このカテゴリーでは小分類でも中分類で示されていた職業がそのまま掲載されています。これは、「13　保健師、助産師、看護師」のカテゴリーも同じです。筆者の見方に過ぎませんが、中分類がそのまま小分類に示される職業ほど、職業として明確に認定され確立しているものと捉えられます。

また、「14　医療技術者」のカテゴリーがあり、こちらは、診療放射線技師、臨床工学技士、臨床検査技師、理学療法士、作業療法士、視能訓練士、言語聴覚士、歯科衛生士、歯科技工士が明示されています。さらに「15　その他の保健医療従事者」は栄養士、あん摩マッサージ指圧師、はり師、きゅう師、柔道整復師、他に分類されない保健医療従事者に分類されています。ここで示した中分類の四つのカテゴリーは、すべて国家資格があるものです。

（2）日本標準職業分類の中のソーシャルワーカー

　ではソーシャルワーカーはどのように分類されているのでしょうか。社会福祉専門職は、前に示した専門職群と同じ「B　専門的・技術的職業従事者」に分類されていますが、中分類で「16　社会福祉専門職業従事者」となっており、さらに他の職業と同じように小分類されているのですが、ここにソーシャルワーカーはなく、福祉相談指導専門員、福祉施設指導専門員、保育士、その他の社会福祉専門職業従事者と四分類されているに過ぎません。

　他の、国家資格がある専門的職業では、分類されているほとんどの専門的職業は「資格名＝職業名」になっています。しかし、ソーシャルワーカーにも社会福祉士、精神保健福祉士の国家資格があるにもかかわらず、それぞれの資格はもとより、ソーシャルワーカーもみることはできませんでした。

　さらに、先にもあげた、多くのソーシャルワーカーと考えられる職種は全て「社会福祉相談指導専門員」と「福祉施設指導専門員」に包含されてしまっています。ソーシャルワーカー、社会福祉士、精神保健福祉士、また福祉事務所のケースワーカーetc…は総務省からするとそれぞれ固有の職業ではなく、「社会福祉専門職業従事者」なのです。

　なお、中分類の「24　その他の専門的職業従事者」には、現段階で国家資格となっていない「カウンセラー（医療・福祉施設を除く）」も、職業として分類されていることも付記しておきます。

5 先人の指摘を振り返る

(1) 社会福祉士資格の課題

ここまで見た状況は、ソーシャルワーカーは社会の中で職業としてソダッテいない、あるいはソダッテきてはいるけれど、ソダチ切る前に枯れ萎んでしまいそうだ、と感じさせるものでした。せっかく先人が撒いた種から芽が出ていたにもかかわらず、職業として社会に強く深く根を張るようなソダチではなく、現在のような状況になってきてしまったのはなぜなのでしょうか。

社会福祉士資格が創設されてから十数年、国家資格としてのソーシャルワーカーのあり方について、とりわけソーシャルワーカー養成に関わる研究者の間で非常に熱のこもった議論が活発に行われていました。しかし二〇〇〇年に介護保険が施行され、二〇〇五年に地域包括支援センターが創設され、そこに社会福祉士が必置の資格になった頃からその議論の熱量は徐々に低下していきました。今では「社会福祉士資格の問題点は……」「ソーシャルワーカーの専門職としてのアイデンティティーは……」といった議論が、少なくとも書籍や論文等の紙面ではほぼ見られなくなってしまいました。一〇年くらい前まで活発に行われていた議論で指摘されていた課題は、はたして解決したのでしょうか。

筆者はその頃に指摘されていた課題が解消され切っていないことが、ソーシャルワーカーが社会に職業として根を張るに至っていない理由の一つであると考えています。では、どのような議論があったのでしょうか。少し古いデータになってしまいますが、一九八七年から二〇〇五年ぐらいまでの間に公表された書籍や論文の中で指摘された課題を整理したものを示します[9]。

A　社会的位置づけ・役割について
①業務独占であるべき⇕業務を縛られるべきではないので名称独占がよい
②配置基準・必置義務になっていない
③有資格者数が少ない
④社会的認知度が低い
⑤社会的需要が低迷
⑥要待遇条件改善
⑦他資格（主事・精神保健福祉士）との整合性

B　養成課程・試験方法について

①受験資格（実務経験五年で公務員のみ受験資格を得られるのは不適切）
②カリキュラム（科目が足りない⇕詰め込みすぎ）
③実習方法（実習施設の範囲の拡張、実習担当者の質、実習期間、ケアワークをどうするか等々……）
④試験の方法（実技試験の必要性、合格率、難易度、試験の内容）

C　社会福祉士の専門性・アイデンティティーについて

①職能団体のあり方
②現任訓練のあり方
③他職種との協働のあり方
④専門性・アイデンティティーが確立していない

ここに示した議論は、職業としてのソーシャルワーカーはどうあるべきか、どうすれば職業として社会に定着していくか、という議論でもあるといってよいでしょう。しかし、近年この議論の熱量は明らかに低下しています。一体なぜなのでしょうか。

（2）議論の熱量低下の理由

その理由として考えられるのは、少しずつ状況が改善してきていること、また改善はしていなかったとしても解決に向けて取り組んでいる最中であるため、見守る時期に入っていることです。例えば、Ａ‐②については、地域包括支援センター、地域生活定着支援センターに社会福祉士が配置基準とされたり、医療ソーシャルワーカーは社会福祉士資格があった場合に退院支援をすると保険点数に換算されるようになったり、必ずしも社会福祉士資格は求められなかったとしても学校にスクールソーシャルワーカーが配置されたりしています。

Ａ‐③は、有資格者数が少ないと指摘されていた一九九〇年代と比較すると現在は一〇万人を超え格段に増加しましたし、Ａ‐⑦は、社会福祉教育における職能三団体が合併しました。今後も社会福祉士と精神保健福祉士資格の統合に向けての動きが活発化していく様相もあります。

Ｂ‐①は、一時、公務員は実務経験によって実習が免除されていたのですが、公平性担保のため社会福祉士受験資格取得には全員実習が必須となりました。Ｂ‐②は現在改正の過程にあります。Ｃ‐③は看護師等の隣接専門職種の約一〇〇〇時間の実習時間と比して社会福祉士は一八〇時間に過ぎずないことが専門職養成としては不十分ではないかとの指摘があり、こちらも実習の時間延長が検討されているところです。そして、Ｃ‐②については、専門認定社会福祉士が創設されました。

このように一〇年前よりも、社会福祉士資格という側面からとらえると状況は徐々にではありますが改善されてきています。しかし、指摘された課題の中で手つかずになっている、あるいは改善策が講じられているにもかかわらずほぼ一〇年前と変化がないと見受けられる課題もあります。それは、A‐④社会的認知度が低い、⑤社会的需要が低迷と、C‐④専門性、アイデンティティーが確立していない、です。

一般的に、専門的職業は、専門性やアイデンティティーが確立していることで社会的に認知され、社会的に需要が高まり、社会で一つの職業として認識される、という構図が成り立つと考えられます。しかし、これに纏わるダイレクトな議論を聞く機会は殆どなくなってきています。

6 われわれがしなければならないこと

ではこの状況を打破して、社会的な職業となるためにわれわれは何をしていかなければならないのでしょうか。ここまで検討した内容に沿った五点、すなわち、（1）ソーシャルワーク養成校の志願者の減少、（2）ソーシャルワーク教育の出口がケアワーカー、（3）ソーシャルワーク相当職の名称がバラバラ、（4）ソーシャルワークの定義と実態の乖離、（5）ソーシャルワーカー職能団体の組織率、について筆者なりの考えを順に示したいと思います。

（1）なりたい職業ランキングにみるヒント

待遇や職務内容を含めた福祉職のイメージの悪さなど、理由は色々と考えられますが、志願者が少ない大きな要素の一つとして、そもそも大学入学前の若年層がソーシャルワーカーという職業を知らない、ということがあると考えます。

なりたい職業ランキングにみるヒントは、男子学生・女子学生共に、ランキングの中に「理学療法士、臨床検査技師、歯科衛生士」、「カウンセラー、臨床心理士」が入ってくることです。このランキングそのものに懐疑の目を向ける人もいるかもしれません。ただそんなことはどうでもよいのです。どうあれ医師・看護師以外のヒューマンサービス系の資格職がランクインしていること。これが重要と考えます。言うまでもなくこのような職業があることを知らなければ、なりたい職業にランクインすることはまずないでしょう。

なぜ、これらの職業が突然ランクインするのか。どのような経緯で知られるのか。どのように仕事の内容や待遇が伝わっているのか。この結果につなげるような取り組みを職能団体や養成団体はしたのか。したとしたらどのような働きかけをしたのか。

とても地道な作業になりますが、このような分析を繰り返して、ソーシャルワーカーが目指されるような職業になるための戦略を練っていく必要があると考えます。

（2）実践現場の雇用慣行と養成校の齟齬をなくす――社会福祉実践現場と養成校の協働

次に、ソーシャルワーカー養成校の卒業生がソーシャルワーカーとしての代表的な職業の一つである「相談援助職」に就けている割合が低い状況を確認しましたが、これについて考えてみたいと思います。

このような状況が生じる理由として少なくとも二点あげられると考えます。一つは、単純にソーシャルワーク職の受入れ席数と、希望する人の数が合っていない、ということです。もう一つは、社会福祉施設・機関の慣習の問題です。前者については、単純にソーシャルワーカーとしての席よりも希望する学生の数が上回れば倍率が生じ、マッチングしなかった学生はその席に就くことができなくなります。これは一般企業でも同じことが言えるため、ある意味仕方がないことではないかと考えます。

ただ、先にも述べたように最近は福祉施設・機関から「求人を出しても人が集まらない」という声をあちらこちらから聞きます。では、何がその基になっているのでしょうか。

これは社会福祉施設、特に高齢者施設の採用の慣習に見ることができると考えます。就職先としての割合が例年概ね三割～四割を占める高齢者領域では、良いか悪いかは別として「相談員は介護現場を経験してから」という慣習が厳然と横たわっています。この慣習が、介護職としての就職の割合を高めていると推測できます。そしてこの慣習については、養成校においてもある程度受け入れられているのではないかと思います。おそらく多くの教員が、「そういうものなのだ」と言って学生を諭しているのではないでしょうか。

ここで私が言わんとしたことは「高齢者領域の慣習がおかしい」や「社会福祉士養成に介護技術が組み込まれていないことがよろしくない」ということではありません。福祉実践現場では過去から脈々と引き継がれる良い人材の育成方法があって当然と考えます。一方で介護福祉士という介護専門職の養成が行われているにもかかわらず、社会福祉士養成に介護技術を組み込むのも何か的外れな気がしますし、他領域の専門性を犯している、という専門職の職域論争に発展しかねなくもないとも考えます。われわれは、現況をどうするかについての明確な答えをいまだ持ち合わせていないのです。

問題は、この状況がなぜ生じているのか。またどのようになれば改善されるのか、といったことが議論されずに、手つかず状態になっていることです。状況の改善策を、福祉実践現場と社会福祉士養成側が膝を突き合わせて議論されるべきと考えます。

(3) 共通したソーシャルワーカー像の構築——統一化された名称と職業像の構築

先人たちは、ソーシャルワーカーが専門的職業として確立するためにはどうすればよいか、という議論を展開してきました。例えば、アメリカのフレックスナーレポートに立ち返り、ソーシャルワーカーは準専門職であるという分析から、日本においてもどのように専門職として成長するかを検討し続けてきました。パーソンズ、エツォーニ、カーサウンダースといった職業社会学者の提示する専門職業成立の要素や要件を整理し、その要件が整うための条件を模索してきました[10]。この動きこそまさに、ソーシャルワーカーを「職業としてソダテル」試みだと考えます。

そのような先人たちの取り組みにより、ソーシャルワーカーの倫理綱領や行動指針がより強調されるようになったり、ジェネラルソーシャルワークの概念が再整理されたり、社会福祉士資格の上乗せ資格が検討され創設されたりといった、専門職としての地盤固めが行われてきました。にもかかわらず、ソーシャルワーカーが職業として社会に認知されている気配はあまり感じられません。ではどうすればよいか。違うベクトルも同時に必要になってくるのではないか、ということを最近考えるようになりました。

これまでの議論は、自分たちは専門職としてどうあるべきか、つまり議論のベクトルが内側に向かっていました。しかし職業として社会に定着していくためにはそれだけでは十分ではなかったのではないでしょうか。「専門職としてソーシャルワーカーの確立」を突き詰めていくだけでは職業として成立しない。なぜなら最も根本的な課題をクリアしていないからです。それは、「社会全体に職業として認識されること」です。まずソーシャルワーカーという職業があることを知られなくてはなりません。そうしない限り、そもそも目指されることはないし活用されることもありません。さらに、その職業を必要としたときに、どこに行けばその職業者に会えるのかが明確で、その職業者が自分に何をしてくれるのかということも、ある程度事前にわかっていなければなりません。

つまり、現にソーシャルワーカーと関わりがある人々のみではなく、これからソーシャルワーカーと関わりを持つ可能性がある人々へのアピール、存在を認識してもらうという意識や活動が必要なのではないでしょうか。

社会の中で職業としてソダツためには、これまで通りの内側にベクトルを向けた専門性の豊饒化を図ることに加え、外側、つまりこれまでソーシャルワーカーと接点がなかった人たちにも、その存在を認識してもらう働きかけをすることも同時に必要だと考えます。

ただし、そのようなアピールをしていくためには、まずわれわれ養成校関係者やソーシャルワーカー自身が、「ソーシャルワーカーとは何する人ぞ」ということを明確にし、ばらばらである名称も合意をもって統一化し、曖昧さから脱却していることが求められると考えます。

（4）理念的役割の具現化——実践と教育の連動性の構築で防ぐ看板倒れ

社会に「ソーシャルワーカーはこのような仕事です」とアピールしてソーシャルワーカーという職業を知ってもらうことは当然に必要ですが、この時に重要なのは社会に伝達するソーシャルワーカーの仕事の内容と、実際にソーシャルワーカーが行っていることに齟齬がないことです。存在をアピールすることで職業として社会に浸透していく可能性も膨らみますが、それにあたり羊頭狗肉になってしまうことを回避しなければなりません。

先に確認したように、現在ソーシャルワーカーはソーシャルワーカーのグローバル定義によってどのような職業か定義され、価値と目指すこと、また何をする専門職であるのかが明記されていますが、その中にある「社会変革」に辿り着くための主たる手段であるソーシャルアクションに取り組めていない状況があります。

マクロレベルのソーシャルワークの発展には、言うまでもなく養成校において方法論が教育内容に包含され学生に伝えられていくこと、また実践においては実践者が行っていくことが不可欠になります。ただ、ここまで取り組めていなかったことをゼロから構築していくことには時間を要しますし、多くの困難を伴うことが予測されます。

そこで、マクロソーシャルワークの方法論の構築については、すでに「社会変革」を起こしている人々に、その方法を学べばよいのではないかと考えています。たとえ、その対象者がソーシャルワーカーを名乗っていなかったり、ソーシャルワーク教育の受講経験がなくても、あるいはソーシャルワーク自体を知らなかったとしても、です。社会にムーヴメントを起こしている人々から学ぶべきだと思います。そこで学ぶ方法論が、マクロソーシャルワークの構築、ひいてはソーシャルワーカーの役割として看板に掲げている「社会変革」を起こせるソーシャルワーカーの育成や増加につながっていくのではないかと考えます。

（5）職能団体の組織率――養成校教員が我が事として捉えられるか

さて、PT協会を例に職能団体の組織率について触れました。理学療法士の養成校の教員からPT協会への入会パンフレットの郵送要請が絶えることがないとのことでした。この真意は実際に入会案内やパンフレットを取り寄せている先生方に訊ねてみないとわかりません。ただ、養成している専門職が職能団体に所属することによって図られる質の担保、また職能団体の活性化による専門職の発展を目指したものであることは容易に想像がつきます。

では、我が身を振り返ってみるとどうでしょうか。学生に職能団体の存在は伝えますが、パンフレットを取り寄せ、入会する必要性についてまでは説いていなかったという反省があります。肌感覚でしかありませんが、一部の例外を除いて、ソーシャルワーカー養成業界全体に言えることなのではないかと感じています。そのように考える理由は、PT協会へのヒアリングの直後に、社会福祉士会の事務局に三月前後にパンフレットや入会案内の注文が養成校から入るかを確認したところ、これまでそのようなことはありませんでしたというのが回答だったからです。もちろんこの事実のみで養成校の教員が学生に社会福祉士会の紹介をしていない、とは言い切れません。

しかし、少なくともパンフレットや入会案内についてはＰＴ協会と状況が大きく違うことには違いありません。

ソーシャルワーカー資格である社会福祉士の職能団体の組織率の向上は、ソーシャルワーカー養成に携わっている教員がカギを握っている、ということが言えると思います。この学びから感じ、声を大にして養成教員全体に問いかけたいことがあります。それは、理学療法士養成に携わる教員と同じくらいの情熱をもってソーシャルワーカー資格の社会福祉士の職能団体を重要視しているだろうか、ということです。自身が養成している専門職の職能団体のあり様に関心を寄せる、力を注ぐことは、すなわち自身が養成している専門職の今後のあり方に大きく作用すると考えられます。真剣になればなるほど、職能団体の活性化や連携の必要性という認識に達すると考えるのですが、そこについてはブラックボックスに閉じ込められたまま時が過ぎ、パンドラの箱化してしまっているように感じられてならないのです。社会福祉士の職能団体の弱体化を、どれだけのソーシャルワーカー養成教員が我が事として捉えているでしょうか。われわれが養成しているソーシャルワーカーが職業として社会で立てていない状況は、われわれ自身の問題であるという強い認識と責任感が問われていると考えます。

7 おわりに

以上、職業としてのソーシャルワーカーの現状について筆者なりの整理をしてきました。主観的な分析も多く、すべてが明確な根拠に基づいたものではありませんが、これまでソーシャルワーカー実践者、研究者としての自身の経験から考えてみた結果です。

ソーシャルワーク実践者や養成者にとっては、ソーシャルワーカーという職業は現に存在するし、役割もあるし、配置基準にもなっている。したがって、社会の中で職業としてソダチ、認識され根付いているように考えるのかもしれません。それが当たり前のことすぎて、ソーシャルワーカーは職業として認識されているのか、と問われること自体がおかしなことなのかもしれません。しかし、本当にそうなのでしょうか。ソーシャルワーカーという職業をソーシャルワーカーという固有名詞でどのくらいの人が知っているのか。全国民に対する調査をしてみたら想像以上にその認知度は低いのかもしれません。

日本標準職業分類に、国家資格ではないカウンセラーが職業として掲載されています。カウンセラーの国家資格化が検討されている今、日本標準職業分類が次回改定されるときには、カウンセラーは国家資格名で掲載されているかもしれません。その時に、ソーシャルワーカー、あるいは社会福祉士はどのように掲載されているのでしょうか。今の社会福祉専門職、という括りから細分化され掲載されるか、そのままであるかはこれからのわれわれの行動次第で変わってくるのではないかと考えます。

現在のソーシャルワーク教育、ソーシャルワーカーの状況について、ソーシャルワーク専門職は先人がかつて達したことのない段階にまでのぼりつめたと評する人はいないとは思うのですが、場合によっては遠巻きからそのようにもみえているようにも感じます。周囲から私自身が精神なき専門人、心情のない享楽人と評されないよう、ソーシャルワーカーが社会に置かれている状況を俯瞰しながら、ソーシャルワーク実践に取り組み、ソーシャルワーカー養成に力を込め、同時にソーシャルワーカーという職業を社会の中でソダテていかなければならない、と改めて気持ちが引き締まったところです。

ソーシャルワーカーが職業として社会に認識され浸透していくために、これからどのようなアクションを起こしていきましょうか。皆で考え、一緒に取り組んでいきましょう！

Key Word

・職業としてのソーシャルワーカー
・曖昧さからの脱却
・社会への周知

［注］

1　ベネッセ教育総合研究所（2009）『第２回子ども生活実態基本調査』：143（http://berd.benesse.jp/berd/center/open/report/kodomoseikatu_data/2009_soku/soku_15.html）

2　日本私立学校振興・共済事業団 私学経営情報センターが、二〇〇二年〜二〇〇七年、二〇一一年〜二〇一六年に発行した『私立大学・短期大学等入学志願者動向』の「学部別志願者・入学者動向」のデータを引用して筆者が分析。

3　日本社会福祉教育学校連盟（2015）『社会福祉系大学等における卒後進路の検証に関する研究――中間報告』

4　日本社会福祉教育学校連盟（2014）『社会福祉系学部・学科卒業生の進路等調査報告書』

5　高良麻子（2017）『日本におけるソーシャルアクションの実践モデル――「制度からの排除」への対処』中央法規出版

6 片山徹（2017）「介護老人保健施設における相談支援員のソーシャルワーク実践力の構築に関する一考察」『社会福祉士』第24号：13-21

7 高良麻子（2013）「日本の社会福祉士によるソーシャル・アクションの認識と実践」『社会福祉学』53（4）：42-54

8 二〇一七年四月二〇日現在

9 参考文献数は膨大なので、ここでは省略させていただきます。

10 この議論において秋山智久氏はソーシャルワーカーが専門職として確立する要件を整理し、①体系的な理論、②伝達可能な技術、③公共の福祉という目的、④専門職の組織化（専門職団体）、⑤倫理綱領、⑥テストか学歴に基づく社会的承認、を提示しました。秋山智久（2007）『社会福祉専門職の研究（社会福祉研究選書）』ミネルヴァ書房

おわりに

「ソーシャルワーカーの〇〇」シリーズも「ジレンマ」から始まり、「ジリツ」を経て、本作「ソダチ」で三作目になりました。

シリーズ三作に通底している執筆者一同のポリシーは、執筆者各人が書いたもの（原文）を可能な限り活かす。正直にハラの内を明かす（ある程度）という点です。専門書ではあるけれど、研究書ではない、類書に見ることのできない「特徴」の一つだと執筆者一同確信しています。

では、なぜ本書は、各章が執筆者の原文を活かし全体を通して文体を整えすぎない「バラバラ」な調子で組んであるのか。それは、ソーシャルワーカーでもある執筆者各人の日々の営みの積み重ね、言い換えれば各人の人生を大切に、各人が抱くリアリティの尊重を意図したからです。わたしたち六人の人生が金太郎飴のように同じ枠に収まるはずもなく、それらの経験や思い・考えを伝える形も多様であってしかるべきという執筆者間の合意形成のたまものです。

さて、まえおきはこれまでにして、本書で取り扱ったメインテーマは「ソダチ」です。執筆者の一人ひとりの「ソダチ」にかんする問題提起から、ここまで読んでくださったあなたは何を思うのでしょうか。わたしたちはそれを知りたい、みなで分かち合いたいと思っています。

本書の執筆者一覧をご覧いただくとわかるように、現在は全員が教育機関で教員をしています。つまり、ソーシャルワーカーを「ソダテ」ています。そして同時に、執筆者らも過去から未来に向けて、ソーシャルワーカーとして「ソダッテ」います。その道のりは多様という他ないのですが、それは、みなさんも同じかと思います。そのような只中にいることもあってか、わたしたち執筆者らが呈した「ソダチ」のカタチは、文体同様に見事にバラバラです。ある者はソーシャルワーカーとしてのソダチについて記していますし、ある者はソーシャルワークのソダチについて記すという有様です。一見バラバラに見える各章ですが、執筆者同士の話し合いの最中に充満し続けた「熱い思い」や、その中で、わたしたちの思惑として本書の横串として貫いた「ソダチ」について、読者であるあなたが、わたしたちの話し合いの場に一緒にいて、ともに本書を作り上げたような高揚感をお届けできたなら執筆者一同これ以上の喜びはありません。

しかし、正直に言えば、執筆者一同、かなり不安な仕上がりです。それでも、ここに集まった風変わりな六人、この時代だからこそ、今、本書が必要であると、ハートに火がついてしまったのだから仕方がありません。

執筆者一同のねらいと読者の読後感がどの程度の一致をみるかで、執筆者らの試みが成功か否か簡単に判断がついてしまうものでもあります。もしかすると、わたしたちの独りよがりでしかないのかもしれません。もしかすると、あなたも同じ思いを抱いてくださるのかもしれません。どこかで執筆者の誰かにお会いする機会があった折には、直接お伝えいただければありがたく思います。

多くのみなさまが、この本に触れたことを契機に、ソーシャルワークの未来に向けた対話があちこちで生まれること。それが、わたしたちが本書に込めた思いでもあるからです。

大変チャレンジングな本作へのご意見につきましては、執筆者各人および生活書院まで奮ってお寄せいただければ関係者一同、この上ない喜びです。

最後になりますが、このような酔狂な作品の出版にご尽力くださいました生活書院の高橋淳氏に感謝いたします。文章の掲載こそはありませんが七人目の執筆者と言っても過言ではないほどのお力添えがありました。最後まで飽きもせずわたしたち六人にお付き合いいただきありがとうございました。

この場を借りて重ねてお礼申し上げます。

おそい桜の散る晩春の会津にて
執筆者を代表して

木村淳也

執筆者紹介（執筆順）

後藤 広史（ごとう・ひろし） 社会福祉士

1980年生まれ。日本大学文理学部准教授。博士（社会福祉学）、専門社会調査士、認定NPO法人山友会理事。（社福）特別区人事・厚生事務組合社会福祉事業団理事。東洋大学大学院社会学研究科社会福祉学専攻博士後期課程単位取得退学。

主な著書・論文に、

『ホームレス状態からの『脱却』に向けた支援』（明石書店、2013年）、『ソーシャルワーカーのジリツ』（共著、生活書院、2015年）など。

木村 淳也（きむら・じゅんや） 社会福祉士

1971年生まれ。会津大学短期大学部講師。修士（コミュニティ福祉学）。立教大学大学院コミュニティ福祉学研究科コミュニティ福祉学専攻博士後期課程中退。

主な著書・論文に、

『ソーシャル・キャピタルを活かした社会的孤立への支援』（共著、ミネルヴァ書房、2017年）、『施設内暴力』（共著、誠信書房、2016年）、『ソーシャルワーカーのジリツ』（共著、生活書院、2015年）など。

荒井 浩道（あらい・ひろみち） 社会福祉士

1973年生まれ。駒澤大学文学部教授。博士（人間科学）、専門社会調査士。早稲田大学大学院人間科学研究科博士後期課程修了。

主な著書・論文に、

『ナラティヴ・ソーシャルワーク』（新泉社、2014年）、『ピア・サポートの社会学』（共著、晃洋書房、2013年）、『ソーシャルワーカーのジリツ』（共著、生活書院、2015年）など。

長沼 葉月（ながぬま・はづき） 精神保健福祉士

1976年生まれ。首都大学東京都市教養学部准教授。博士（保健学）。東京大学大学院医学系研究科健康科学・看護学専攻（精神保健学分野）博士課程修了。

主な著書・論文に、

『高齢者虐待防止のための家族支援』（共著、誠信書房、2012年）、『高齢者虐待にどう向き合うか』（共著、瀬谷出版、2013年）、『ソーシャルワーカーのジリツ』（共著、生活書院、2015年）など。

本多　勇（ほんだ・いさむ） 社会福祉士

1972年生まれ。武蔵野大学通信教育部教授。修士（社会福祉学）、介護支援専門員、保育士。東洋大学大学院社会学研究科社会福祉学専攻博士後期課程単位取得後退学。

主な著書・論文に、

『社会福祉実践における主体性を尊重した対等な関わりは可能か』（共著、ミネルヴァ書房、2015年）、『ソーシャルワーカーのジレンマ』（共著、筒井書房、2009年）、『ソーシャルワーカーのジリツ』（共著、生活書院、2015年）など。

木下 大生（きのした・だいせい） 社会福祉士

1972年生まれ。武蔵野大学人間科学部准教授。博士（リハビリテーション科学）、NPO法人ほっとプラス理事。筑波大学大学院人間総合科学研究科博士後期課程修了。

主な著書・論文に、

『知りたい！ソーシャルワーカーの仕事』（共著、岩波書店、2015年）、『ソーシャルワーカーのジレンマ』（共著、筒井書房、2009年）、『ソーシャルワーカーのジリツ』（共著、生活書院、2015年）など。

◉本書のテキストデータを提供いたします

本書をご購入いただいた方のうち、視覚障害、肢体不自由などの理由で書字へのアクセスが困難な方に本書のテキストデータを提供いたします。希望される方は、以下の方法にしたがってお申し込みください。

◎データの提供形式：CD-R、フロッピーディスク、メールによるファイル添付(メールアドレスをお知らせください)

◎データの提供形式・お名前・ご住所を明記した用紙、返信用封筒、下の引換券（コピー不可）および200円切手（メールによるファイル添付をご希望の場合不要）を同封のうえ弊社までお送りください。

◉本書内容の複製は点訳・音訳データなど視覚障害の方のための利用に限り認めます。内容の改変や流用、転載、その他営利を目的とした利用はお断りします。

◎あて先：
〒160-0008
東京都新宿区三栄町17-2 木原ビル303
生活書院編集部　テキストデータ係

【引換券】

ソーシャルワーカーの
ソダチ

ソーシャルワーカーのソダチ
——ソーシャルワーク教育・実践の未来のために

発　行————二〇一七年七月二〇日　初版第一刷発行

著　者————後藤広史、木村淳也、荒井浩道、
長沼葉月、本多　勇、木下大生

発行者————髙橋　淳

発行所————株式会社　生活書院
〒一六〇—〇〇〇八
東京都新宿区三栄町一七—二　木原ビル三〇三
TEL　〇三—三二二六—一二〇三
FAX　〇三—三二二六—一二〇四
振替　〇〇一七〇—〇—六四九七六六
http://www.seikatsushoin.com

印刷・製本————株式会社シナノ

カバーデザイン————SDK Inc. 高山　仁

Printed in Japan

ISBN 978-4-86500-070-2
定価はカバーに表示してあります。
乱丁・落丁本はお取り替えいたします。